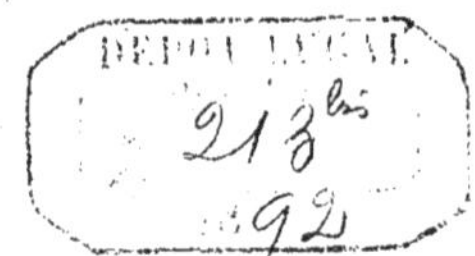

TRAITÉ-FORMULAIRE

DES DROITS

DE MUTATION PAR DÉCÈS

ET DES

DÉCLARATIONS DE SUCCESSIONS

AVEC 46 FORMULES

PAR

DEFRÉNOIS

Auteur du *Traité-Formulaire général du Notariat*, du *Traité des Liquidations*, etc.
Directeur-Fondateur du *Répertoire général pratique du Notariat*.

EXTRAIT DE LA SEPTIÈME ÉDITION DU TRAITÉ-FORMULAIRE GÉNÉRAL [DU] NOTARIAT

PARIS

ADMINISTRATION DU RÉPERTOIRE GÉNÉRAL PRATIQUE DU NOTARIAT
40, RUE D'ASSAS, 40

1892

TRAITÉ-FORMULAIRE

DES DROITS

DE MUTATION PAR DÉCÈS

ET DES

DÉCLARATIONS DE SUCCESSIONS

BESANÇON. — IMPRIMERIE OUTHENIN-CHALANDRE FILS ET Cie,

TRAITÉ-FORMULAIRE

DES DROITS

DE MUTATION PAR DÉCÈS

ET DES

DÉCLARATIONS DE SUCCESSIONS

AVEC 46 FORMULES

PAR

DEFRÉNOIS

Auteur du *Traité-Formulaire général du Notariat*, du *Traité des Liquidations*, etc.
Directeur-Fondateur du *Répertoire général pratique du Notariat.*

EXTRAIT DE LA SEPTIÈME ÉDITION DU TRAITÉ-FORMULAIRE GÉNÉRAL DU NOTARIAT

PARIS

ADMINISTRATION DU RÉPERTOIRE GÉNÉRAL PRATIQUE DU NOTARIAT

40, RUE D'ASSAS, 40

1892

ANNOTATIONS

Le Traité-Formulaire de **M. DEFRÉNOIS** peut être constamment tenu au courant de la Législation et de la Jurisprudence, par un travail de cinq minutes tous les quinze jours, en annotant, en marge des numéros, les articles qui y renvoient dans notre Recueil : **Le Répertoire général pratique du Notariat.**

Ce Recueil est donc indispensable à tout possesseur du Traité-Formulaire.

Les arrêts cités au Traité-Formulaire renvoient à ce Recueil, dont la collection depuis 1881 est très utile. Il est fait des conditions de faveur pour l'acquérir à tout acheteur du Traité-Formulaire, ainsi qu'à tout abonné nouveau à l'année courante.

DES DROITS

DE MUTATION PAR DÉCÈS

ET DES DÉCLARATIONS DE SUCCESSIONS

DIVISION.

SOMMAIRE ALPHABÉTIQUE.

SOMMAIRE DES FORMULES.

SECTION I. — **Généralités.**

1. Définition. — Le droit de mutation par décès est un impôt proportionnel, perçu sur l'actif brut de la succession, en raison de la transmission des biens héréditaires.

2. Perception. — Deux faits donnent lieu à la perception de ce droit. Ce sont : 1° le décès, *infra* nos 67 et suiv.; 2° le jugement d'envoi en possession provisoire des biens de l'absent, *infra* nos 77 et suiv.

3. Algérie. — En Algérie, l'impôt de mutation par décès n'existe pas. Les successions, qui sont ouvertes dans ce pays, ne sont assujetties à aucun droit, ni soumises à aucune déclaration (Ordonnance, 19 octobre 1841, art. 4).

4. Corse. — Les successions ouvertes en Corse sont assujetties à l'impôt de mutation par décès. Le tarif est le même qu'en France; mais la perception s'effectue sur la valeur des immeubles déterminée en multipliant par 100 le montant de la contribution foncière en principal, déduction faite des centimes additionnels. Les droits sont exigibles dès que le receveur de la situation des biens a eu connaissance du décès (Arrêté, 21 prairial an IX);

par suite, il peut en poursuivre immédiatement le recouvrement. Le défaut de déclaration de la succession n'entraîne aucune peine; mais l'omission est passible d'un double droit encouru dès que la déclaration a été faite (1).

5. Colonies. — La perception du droit de mutation par décès dans les colonies est règlementée par des décrets et des ordonnances. Nous citerons seulement la date des décrets concernant les principales colonies : Cochinchine, décret 10 janv. 1862; Antilles, Martinique, Guadeloupe, ordonnance 31 déc. 1828; Ile de la Réunion, ordonnance 19 juill. 1829, décret 21 sept. 1864; Guyane Française, décret 27 sept. 1854; Inde, décret 7 déc. 1866; Sénégal, ordonnance 31 déc. 1828, décret 4 août 1850 et 11 février 1863; Nouvelle Calédonie, arrêté 1er juillet 1859, décret 10 mars 1877.

SECTION II. — **Tarif.**

6. Taux. — Le tarif des droits de succession a été fréquemment modifié depuis la loi du 22 frimaire an VII. Le tableau suivant présente l'indication de celui qui est actuellement suivi.

DEGRÉ DE PARENTÉ.		MEUBLES ET IMMEUBLES.	LOIS.
Ligne directe		1 p. 100.	Lois 22 frim. an VII, art. 69, § 3, nº 4; 18 mai 1850, art. 10.
Epoux		3 p. 100.	Lois 28 avril 1816, art. 53; 18 mai 1850, art. 10.
Ligne collatérale.	Frères, sœurs, oncles, tantes, neveux, nièces	6 fr. 50 p. 100.	Lois 21 avril 1832, art. 33; 18 mai 1850, art. 10.
	Grands-oncles, grandes-tantes, petits-neveux, petites-nièces, cousins germains	7 p. 100.	*Idem.*
	Parents au delà du 4e degré jusqu'au 12e	8 p. 100.	*Idem.*
Personnes non parentes		9 p. 100.	*Idem.*

7. Decimes. — Le montant en principal des droits de mutation dus sur une succession doit être augmenté de deux décimes et demi, soit du quart des droits (Loi 6 prairial an VII art. 1; 23 août 1871 art. 1; 30 déc. 1873, art. 2).

8. Minimum. — Le minimum du droit, qui doit être perçu, est de 25 centimes, sur l'ensemble de la déclaration de succession faite par des héritiers solidaires (2).

9. Enfants naturels; concours avec héritiers. — L'enfant naturel, lorsqu'il est en concours avec des héritiers légitimes, ou que ceux-ci ont renoncé à la succession (3) ou ont été exhérédés (4), acquitte le droit fixé pour la ligne directe. Ce même droit est également applicable à l'enfant naturel institué légataire universel, même en l'absence de parents au degré successible (5).

10. Ibid. — Absence d'héritiers. — Mais l'enfant naturel, à défaut de parents légitimes (6) au degré successible, est considéré comme personne non parente et acquitte le droit à 9 p. 100 sur la totalité (7) de la succession qu'il a recueillie (Loi 28 avril 1816, art. 53).

(1) Sol., 8 juill. 1856.

(2) Dict. Réd., 969.

(3) Garnier, *Enfant*, 166; Dict. Réd., *Suc.*, 1010. CONTRA : Quimper, 27 déc. 1888; Rép. Defrénois, 5352. Voir aussi Seine, 1er fév. 1884; *Ibid.*, 2561.

(4) Garnier, *Enfant*, 165; Dict. Réd., *Suc.*, 1001; décis., 24 mars 1854.

(5) Garnier, *Enfant*, 169; Dict. Réd., *Suc.*, 1006; sol., 16 juill. 1847; Cass., 5 avril 1852, 28 fév. 1855; Melun, 27 août 1852. CONTRA : Seine, 10 janv. 1850; Versailles, 17 janv. 1850.

(6) Garnier, *Enfant*, 168; Dict. Réd., *Suc.*, 1002; Seine, 12 juin 1850; Guéret, 17 oct. 1851.

(7) Garnier, *Enfant*, 164; Dict. Réd., *Suc.*, 997; Lyon, 19 fév. 1845; Cass., 12 avril 1847; Seine, 22 mars 1848. Voir Montpellier, 12 août 1850.

11. Ibid. — Reconnaissance. — L'enfant naturel, qui n'est pas reconnu ou qui n'a pas vis-à-vis de sa mère la possession d'état, jointe aux énonciations de l'acte de naissance (1), doit payer le droit de 9 p. 100 sur les legs qui lui sont faits par ses père ou mère (2).

12. Ibid.; parent de ses père ou mère. — Le tarif des personnes non parentes est également applicable quand l'enfant naturel est institué légataire universel d'un parent légitime de ses père ou mère, par exemple d'une sœur de son père ou de sa mère, aucun lien de parenté n'existant entre eux (3).

13. Succession de l'enfant naturel. — Lorsque l'enfant naturel décède sans postérité légitime, mais laissant un enfant naturel, celui-ci exclut tous les parents de son auteur et les droits de mutation par décès doivent être payés au taux fixé entre étrangers (4). Si la succession est échue à l'ascendant qui l'a reconnu, le droit de 1 p. 100 est seul dû (5). De même les frères et sœurs, même naturels, qui sont appelés à la succession de l'enfant naturel en vertu de l'art. 766 C. civ., ne doivent que le droit de 6 fr. 50 p. 100 (6). On pourrait soutenir que ce droit est seul dû, lorsque le frère naturel est institué légataire universel par son frère légitime (7).

14. Enfants adultérins ou incestueux. — Le legs, fait au profit d'enfants adulterins ou incestueux reconnus par le testateur, est passible du droit de mutation par décès au taux de 9 p. 100 (8). Il a été cependant décidé que, dans le cas ou la reconnaissance résulte d'un jugement, il n'est dû que le droit de 1 p. 100 (9).

15. Enfant adoptif. — Les enfants adoptifs, tenant la place des enfants légitimes, doivent acquitter les droits au même taux qu'eux pour les biens qui leur sont légalement dévolus (10). On l'a décidé ainsi, quoique l'enfant adoptif vînt à la succession en une double qualité, d'abord comme enfant pour réclamer sa réserve, puis comme parent naturel du défunt pour partager un legs fait collectivement à ceux-ci (11). Mais, si, après la déclaration, l'adoption est annulée, un supplément de droit est exigible (12). S'il y a lieu à retour dans la succession de l'enfant adoptif ou de ses descendants, voir *infra* n°s 27, 28.

16. Epoux; libéralité; droit d'hérédité en usufruit. — Les biens recueillis par l'époux survivant, en vertu d'une donation ou d'un testament, sont assujettis au droit de 3 p. 100 (Loi 28 avril 1816, art. 53; 18 mai 1850, art. 10). Ce droit est également applicable à l'usufruit dévolu à l'époux survivant conformément aux dispositions de l'art. 767, modifié par la loi du 9 mars 1891 (13). Mais si les héritiers, usant de la faculté qui leur est réservée par l'art. 767, § 9, convertissent cet usufruit en une rente viagère, antérieurement à la déclaration de succession, le droit de mutation est dû seulement sur cette rente viagère (14).

17. Ibid.; droit d'hérédité en propriété. — Quand l'époux survivant est appelé à la succession à défaut de parents au degré successible, il est considéré comme étranger et doit payer le droit de 9 p. 100 (Loi 28 avril 1816, art. 53). S'il était légataire de tout ou partie des biens, il acquitterait le droit de 3 p. 100 seulement sur le montant de son

(1) Sables-d'Olonne, 5 août 1880; Rép. Defrénois, 729. Voir Garnier, *Enfant*, 75.
(2) Grenoble, 4 déc. 1878.
(3) Garnier, *Enfant*, 170; Dict. Réd., *Suc.*, 1013; Belfort, 20 janv. 1875; Bourg, 5 déc. 1878; Montluçon, 27 juill. 1888; sol., 30 sept. 1873, 7 juin 1875, 30 mai 1877; Rép. Defrénois, 5106.
(4) Garnier, *Enfant*, 167; Seine, 12 juin 1850, 1er fév. 1884; Guéret, 17 oct. 1851; Rép. Defrénois, 2561.
(5) Garnier, *Enfant*, 173-1; Dict. Réd., *Suc.*, 1019; sol., 19 juin 1874.
(6) Garnier, *Enfant*, 173-2; Dict. Réd., *Suc.*, 1020; sol., 3 juin 1880.
(7) Garnier, *Enfant*, 173-3; Dict. Réd., *Suc.*, 1018.
(8) Garnier, *Enfant*, 40-2; Dict. Réd., *Suc.*, 1021; Périgueux, 20 mars 1873; Sol., 29 mai 1876.
(9) Sol., 29 août 1871.
(10) Garnier, *Suc.*, 465; Dict. Réd., *Adoption*, 22.
(11) Garnier, *Suc.*, 466; Dict. Réd., *Adoption*, 34; Délib., 19 août 1834.
(12) Marseille. 31 août 1877; Cass., 1er août 1878.
(13) Ch. Defrénois, *Hérédité*, 135; Garnier, *Suc.*, 459; inst., 6 juin 1891; Rép. Defrénois, 6046.
(14) Ch. Defrénois, *Ibid.*, 139; Rép. Defrénois, 6046. CONTRA Inst., 6 juin 1891.

legs (1). On ne le soumettrait d'ailleurs qu'au tarif résultant de son degré de parenté, s'il recueillait la succession en qualité de parent collatéral (2).

17 *bis*. Ibid.; propriété littéraire. — La jouissance accordée à la veuve par la loi du 14 juillet 1866 sur les œuvres littéraires de son mari constitue un véritable usufruit soumis aux droits de mutation par décès au taux 3 p. 100, calculé sur la moitié de la jouissance, comme en matière d'usufruit, *infra* n° 179.

18. Collatéraux; double parenté. — Les héritiers collatéraux, qui sont parents à la fois dans les deux lignes, doivent acquitter les droits de mutation par décès suivant leur degré de parenté dans chaque ligne (3).

19. Alliés. — Quant aux alliés, ils sont toujours considérés comme étrangers pour la perception des droits (4).

20. Succession vacante. — Pour les successions vacantes, le droit est dû au taux qu'aurait payé l'héritier connu s'il n'eût pas renoncé ou s'il ne se fût pas abstenu (5); et s'il n'y a pas d'héritier connu, c'est au taux fixé pour la parenté collatérale la plus éloignée (8 p. 100) que le droit est exigible (6). Toutefois lorsqu'il est certain que le défunt (dans l'espèce un enfant naturel non reconnu et non marié) n'a pu, à raison de son âge, laisser aucun successible ou légataire, c'est le droit de 9 p. 100 qui doit être appliqué (7).

21. Succession en déshérence. — En ce qui concerne les successions en déshérence appréhendées par l'Etat, elles ne donnent lieu à la perception d'aucun droit, en raison du caractère précaire de la possession de l'Etat (8).

22. Hospices. — Les hospices ne doivent également aucun droit de succession pour les effets mobiliers des malades qui décèdent dans l'établissement, et auxquels ils ont droit en compensation des soins gratuits fournis au défunt (9).

23. Majorat. — Le droit de 1 p. 100 est dû sur les biens affectés à un majorat, alors même que l'appelé est un gendre du défunt ou un collatéral (Décret 24 juin 1808, art. 6; loi 7 mai 1849, art. 7) (10). Mais la pension recueillie par la veuve est passible du droit de 3 p. 100 (11).

24. Etablissements publics; Etat. — Les legs faits aux établissements publics, communes, départements, etc., sont assujettis au droit de 9 p. 100 (Loi 18 avril 1831, art. 17). Quant à ceux faits à l'Etat, ils sont dispensés de l'acquit du droit de mutation par décès (12).

25. Caisse des invalides de la marine. — La caisse des invalides de la marine constituant un service de l'Etat, les legs faits à son profit sont exempts des droits de mutation par décès (13).

26. Retour légal. — Ascendant. — Le retour légal exercé par l'ascendant donateur constitue un droit successoral, et les biens qui en font l'objet sont soumis au droit de mutation par décès au taux de 1 p. 100. (14) [Voir Form. 16].

27. Ibid.; adoptant. — L'adoptant exerce aussi à titre successif le droit de retour

(1) Garnier, *Suc.*, 458; Dict. Réd., *Succ.*, 1026; sol., 9 mai 1843, 23 oct. 1872, 11 sept. 1876, 11 avril 1878, 22 fév. 1879.
(2) Garnier, *Suc.*, 460-1; Dict. Réd., *Suc.*, 1029; dél., 30 mai 1806.
(3) Garnier, *Suc.*, 460; Dict. Réd., *Suc.*, 1030.
(4) Garnier, *Allié*, 3; Dict. Réd., *Suc.*, 1032; Cass., 28 janv. 1839; inst., 1590-5; déc. min. fin., 1er mai et 21 juill. 1820; Charolles, 30 août 1828; Reims, 27 déc. 1845; Lure, 21 fév. 1851.
(5) Garnier, *Suc.*, 464-1; Dict. Réd., *Suc.*, 1042; inst., 290-70, 2598-22; Seine, 7 juill. 1841, 12 juin 1850; Guéret, 17 oct. 1851; sol., 19 mai 1875, 15 avril 1876; Cass., 19 oct. 1886; Rép. Defrénois, 3371.
(6) Garnier, *Suc.*, 464-1; Dict. Réd., *Suc.*, 1043; sol., 6 août 1831, 26 sept. 1878; déc. min. fin., 7 juin 1808; inst., 2598-22.
(7) Sol., 1er juill. 1876.
(8) Garnier, *Deshérence*, 19; Dict. Réd., *Suc.*, 1047.
(9) Garnier, *Suc.*, 992; déc. min. fin., 23 juin 1858, 11 avril 1883; Rép. Defrénois, 1276.
(10) Garnier, *Majorat*, 49, 53; Dict. Réd., *Ibid.*, 47; dél., 6 déc. 1831; sol., 10 fév. et 2 juill. 1872; lettre min. fin., 4 mars 1882.
(11) Garnier, *Majorat*, 50; Dict. Réd., *Ibid.*, 48; Villefranche, 11 août 1880; Toulouse, 30 déc. 1880. Contra : Seine, 29 nov. 1862.
(12) Garnier, *Suc.*, 478.
(13) Déc. min. fin., 14 avril 1891; Rép. Defrénois, 6351.
(14) Garnier, *Retour*, 87, 89; Dict. Réd., *Retour*, 82; Bordeaux, 12 fév. 1879.

dans la succession de l'adopté ou de ses descendants quand il y a lieu ; en conséquence, le droit de mutation sur les biens repris est dû en ligne directe (1).

28. Ibid.; frère adoptif. — Si le retour s'opère en faveur des enfants légitimes de l'adoptant dans la succession de leur frère adoptif, le droit de succession est exigible en ligne collatérale (2).

29. Ibid.; enfant naturel. — Le retour légal, en faveur des frères et sœurs légitimes de l'enfant naturel, pour les biens provenus à celui-ci de ses père et mère, nous semble ne donner ouverture au droit de mutation par décès qu'au taux déterminé pour les frères et sœurs.

30. Loi en vigueur. — C'est la loi en vigueur au moment où s'ouvre la succession qui sert de règle pour l'application du tarif (3), même en ce qui concerne les décimes (4). Il en est ainsi des droits acquittés sur les legs faits aux établissements publics (5), les biens rentrés dans l'hérédité (6). De même les droits complémentaires dûs par suite des stipulations d'un acte de partage (7), *infra* n° 122, ou à cause de la renonciation par la veuve à la communauté (8), sont acquittés suivant le tarif en vigueur au jour du décès.

31. Ibid. — Usufruit successif. — Lorsque le testateur a légué un usufruit ou une rente viagère à deux personnes pour en jouir successivement, le droit est dû lors du décès du premier usufruitier d'après le degré de parenté avec le testateur et suivant le tarif du jour de son décès (9). La question avait été un instant controversée pour le legs de rente viagère (10); mais la régie est ensuite revenue au même principe (11).

32. Ibid. ; legs sous condition suspensive. — De même le droit de mutation par décès sur les legs soumis à une condition suspensive doit être perçu, lors de la réalisation de la condition, d'après la loi en vigueur au décès du testateur (12).

33. Ibid. — Absence. — Il a été décidé que le droit exigible sur les biens d'un absent doit être réglé d'après le taux du jour du jugement d'envoi en possession parce que la succession est réputée s'ouvrir à cette époque (13).

SECTION III. — De ceux qui peuvent faire la déclaration et en quelle forme elle a lieu.

34. Principe. — Les héritiers, donataires ou légataires, leurs tuteurs ou cura-

---

FORMULE 1. — Pouvoir par un héritier (Nos 38, 48).

Le soussigné M. Duval (Charles), employé, demeurant à.....,

Agissant tant en son nom personnel qu'au nom de M. Duval (Louis), son frère, cultivateur, demeurant à.....,

Donne pouvoir à M.....,

A l'effet de : se présenter à tel bureau de l'enregistrement qu'il appartiendra, pour y faire la déclaration de la succession de M. Duval (Frédéric-Paul), leur père, en son vivant cultivateur, décédé en son domicile à....., le....., dont il est héritier conjointement avec M. Louis Duval, son frère, pour le tout, ou séparément chacun pour moitié ;

Produire tous titres et pièces ; faire toutes déclarations et affirmations ; signer tous registres ;

---

(1) Garnier, *Adoption*, 70 ; Dict. Réd., *Adoption*, 26 ; *Retour*, 83 ; déc. min. fin., 29 déc. 1807.

(2) Garnier, *Adoption*, 70 ; Dict. Réd., *Adoption*, 27; *Retour*, 85 ; dél., 6 fév. 1827; Cass., 28 déc. 1829 ; inst., 1307-11.

(3) Garnier, *Suc.*, 450 ; Dict. Réd., *Suc.*, 972 ; Cass., 4 fév. 1834, 31 mai 1836, 31 janv. 1876.

(4) Dict. Réd., *Suc.*, 993 ; sol., 2 juill., 12 et 18 août 1873.

(5) Dict. Réd., *Suc.*, 982 ; Cass., 13 nov. 1849, 4 déc. 1866, 7 juill. 1868, 9 août 1871.

(6) Dict. Réd., *Suc.*, 983 ; Cass., 30 janv. 1809 ; sol., 8 mars, 16 déc. 1872, 7 janv. 1873, 17 mars 1877, 9 mars 1878 ; Bazas, 15 janv. 1873.

(7) Dict. Réd., *Suc.*, 985 ; sol., 3 oct. 1863.

(8) Dict. Réd., *Suc.*, 986 ; Cass., 5 déc. 1838.

(9) Garnier, *Suc.*, 452 ; Dict. Réd., *Suc.*, 978 ; Seine, 2 fév. 1842, 6 juin 1851, 16 fév. 1855, 6 et 15 fév. 1856 ; Lyon, 26 janv. 1867; Cass., 23 mars 1869, 4 janv. 1871; Doullens, 21 juill. 1881; Rép. Defrénois, 739.

(10) Dél., 19 fév. 1851.

(11) Garnier, *Suc.*, 452-4 ; Dict. Réd., *Suc.*, 981; dél., 20 déc. 1851; Rennes, 4 août 1868 ; Colmar, 9 juin 1870.

(12) Garnier, *Suc.*, 451; Dict. Réd., *Suc.*, 975 ; Seine, 6 juin 1851; dél., 20 déc. 1851; sol., 18 janv. 1864, 20 nov. 1879.

(13) Garnier, *Suc.*, 453 ; Dict. Réd., *Suc.*, 988 ; Seine, 26 mars et 9 avril 1856 ; Cass., 8 déc. 1856 ; sol., 21 avril 1877.

teurs sont tenus de passer déclaration détaillée des mutations de propriété ou d'usufruit par décès et de la signer sur le registre (Loi 22 frim. an VII, art. 27).

35. Obligation. — Cette obligation est imposée à tous les héritiers, sans distinction, même aux héritiers bénéficiaires, et ne saurait être remplacée par le payement des droits (1). Décidé en ce sens que le fait par les héritiers d'avoir versé des acomptes suffisants pour l'acquit des droits ne pourrait les dispenser de faire la déclaration (2).

35 bis. Offres réelles. — La déclaration ne saurait être remplacée par un exploit d'offres réelles (3), à moins que la sommation ne contienne tous les détails nécessaires et ne renferme en même temps pouvoir à l'huissier de se présenter au nom du redevable.

36. Déclaration négative. — Mais quand la succession est négative et qu'il n'y a pas de droit à acquitter, aucune déclaration n'est obligatoire (4). Toutefois, si l'administration décerne contrainte, l'opposition n'est recevable qu'après une déclaration de la succession (5), voir *infra* nº 300.

37. Légataire. — Le légataire ne peut, en s'abstenant, se dispenser d'acquitter les droits de succession; il faut, pour cela, une renonciation formelle (6). Il y est tenu personnellement, même quand le testateur aurait imposé à ses héritiers la charge de les acquitter (7).

38. Solidarité. — L'un des héritiers [Form. 1] ou des légataires universels peut agir au nom des autres; mais un héritier, ou un légataire universel ne représenterait pas valablement les légataires à titre universel ou les légataires particuliers et il ne saurait être non plus représenté par eux. Ces derniers légataires ne pourraient pas davantage agir les uns pour les autres, car ils ne sont pas solidaires. Ainsi quand il y a un conjoint survivant donataire ou légataire et des enfants, il faut le concours du conjoint survivant et de l'un des enfants; toutefois le conjoint survivant tuteur de l'un ou de plusieurs de ses enfants agit en son nom et au leur [Form. 3 et 4].

39. Nu-propriétaire. — Il faut même reconnaître que les droits dus par le nu-propriétaire ne peuvent être acquittés sur une déclaration de l'usufruitier (8). Néanmoins, les revenus des biens soumis à l'usufruit sont affectés au payement du droit simple et en sus exigibles sur cette nue propriété (9); sauf à l'usufruitier à les réclamer au nu-propriétaire comme subrogé au privilège du Trésor (10).

---

payer tous droits; retirer toutes quittances ainsi que tous certificats de payement de droits, et généralement faire le nécessaire.

Fait à....., le.....

Bon pour pouvoir.
(Signature.)

Enregistrement. — Dispensé de l'enregistrement, mais doit être écrit sur timbre.

FORMULE 2. — Pouvoir par un tuteur au nom d'héritiers mineurs (Nos 40, 48).

Le soussigné M. Latrin (Eugène), propriétaire, demeurant à.....,

Agissant au nom et comme tuteur datif de : 1º M. Deschard (Antoine) ; 2º Mlle Deschard (Marthe) ; 3º et M. Deschard (Paul-Charles), enfants mineurs; nommé à cette fonction suivant

---

(1) Garnier, *Suc.*, 643; Dict. Réd., *Suc.*, 1054; Cass., 23 prair. an VII, 27 mars 1811, 11 fév. 1807; déc. min. fin., 18 mess. an VIII; Pont-Audemer, 29 août 1876.

(2) Bayeux, 13 mai 1880. Voir sol., 10 janv. 1865, 20 mai 1868, 28 fév. 1872.

(3) Garnier, *Suc.*, 657; Dict. Réd., *Suc.*, 1056; Seine, 2 déc. 1840, 3 avril 1869; Cass., 14 mars 1814, 29 déc. 1841, 7 juill. 1863, 3 fév. 1869; Laon, 20 avril 1877.

(4) Garnier, *Suc.*, 660; Dict. Réd., *Suc.*, 2402; Orange, 13 avril 1853; Castres, 9 août 1887.

(5) Garnier, *Suc.*, 660.

(6) Garnier, *Suc.*, 1393; Seine, 5 avril 1870, 10 juill. 1873.

(7) Garnier, *Suc.*, 1393-3; Carpentras, 22 août 1855; Saint-Amand, 17 mai 1866; Redon, 23 fév. 1870; Seine, 17 juill. 1875; Pithiviers, 3 janv. 1878; Bordeaux, 26 déc. 1888; Rép. Defrénois, 5298. Contra : Rennes, 4 août 1868.

(8) Garnier, *Suc.*, 645; Dict. Réd., *Suc.*, 2176; dél., 27 janv. 1826.

(9) Cass., 23 juin 1857; Brioude, 29 nov. 1876; Pont-Audemer, 29 août 1876.

(10) Paris, 19 déc. 1872, 16 juin 1874; Seine, 19 août 1873.

40. Tuteur. — Le tuteur est tenu d'agir au nom de son pupille [FORM. 2], sans pouvoir objecter qu'il n'a pas les fonds nécessaires au payement (1), et bien que les valeurs soient sous la main d'un séquestre (2). Il en est de même du curateur au ventre.

41. Père administrateur légal. — Le père, en sa qualité d'administrateur légal des biens de ses enfants mineurs, doit faire la déclaration des successions qu'ils viennent à recueillir durant le mariage (3).

42. Curateur à succession vacante. — Le curateur nommé à une succession vacante est également obligé de faire la déclaration, alors même que le *de cujus* est décédé en état de faillite (4). Néanmoins, il est généralement reconnu que s'il n'a pu réaliser les deniers suffisants pour acquitter les droits exigibles, sa responsabilité disparaît (5), *infra* nº 362.

43. Faillite. — La déclaration de succession, après le décès d'un failli, doit être faite par ses héritiers et non par les syndics de la faillite, ces derniers n'ayant que l'administration des biens (6). Si aucun héritier ne s'est présenté, ou si les héritiers connus ont renoncé, il doit être nommé un curateur à succession vacante qui est tenu de faire la déclaration, *supra* nº 42.

44. Mineur émancipé. — Le mineur émancipé, ayant le droit de faire tous les actes de pure administration, a qualité pour déclarer seul les successions qui lui sont échues (7).

45. Mari. — Le mari peut seul aussi faire la déclaration au nom de sa femme lorsqu'ils sont mariés sous le régime de la communauté ou de la non communauté, ou lorsque

---

délibération du conseil de famille de ces mineurs, réuni sous la présidence de M. le juge de paix du canton de....., le.....

Les mineurs DESCHARD habiles à se porter héritiers conjointement pour le tout, ou séparément chacun pour un tiers, de M. DESCHARD (Frédéric-Pierre), leur père, veuf de Mme Ernestine LEFÈVRE, en son vivant boulanger, demeurant à....., où il est décédé le.....,

Donne pouvoirs à M.....,

A l'effet de : se présenter à tel bureau de l'enregistrement qu'il appartiendra, pour y faire la déclaration de la succession de M. DESCHARD père; produire tous titres et pièces. *(Le surplus comme en la formule précédente.)*

FORMULE 3. — Pouvoir par la veuve survivante donataire de son mari et par l'un des héritiers (Nos 38, 48).

Les soussignés :

1º Mme MARTIN (Hélène), propriétaire, demeurant à....., veuve de M. DUPUIS (Léon),

Habile à se porter donataire, en vertu de son contrat de mariage reçu par Me....., notaire à....., le....., de la moitié en usufruit des biens meubles et immeubles dépendant de la succession de M. Léon DUPUIS, son défunt mari, en son vivant propriétaire, demeurant à....., où il est décédé le.....

2º M. DUPUIS (Jacques), négociant, demeurant à.....,

Agissant tant en son nom qu'aux noms de : 1º Mme DUPUIS (Denise), épouse de M. FOUCHÉ (Nicolas), propriétaire, avec lequel elle demeure à.....; 2º M. DUPUIS (Ernest), négociant, demeurant à..... ; et 3º Mlle DUPUIS (Alice), majeure, célibataire, demeurant à.....,

M. Jacques DUPUIS habile à se porter héritier pour un quart de M. Léon DUPUIS, son fils, issu de son mariage avec Mme MOINOT (Ernestine), sa défunte épouse;

---

(1) Garnier, *Suc.*, 574; Dict. Réd., *Suc.*, 2186; Seine, 18 juin 1856, 20 avril 1866, 6 juill. 1867, 2 janv. 1869; Bordeaux, 10 fév. 1857; Gap, 10 oct. 1874; Corte, 2 déc. 1874; Péronne, 17 nov. 1876; Château-Thierry, 9 mars 1887; Nancy, 16 mai 1888; Rép. Defrénois, 4410, 4930.

(2) Garnier, *Suc.*, 574; Dict. Réd., *Suc.*, 2185; Seine, 13 juin 1855.

(3) Garnier, *Suc*, 632; Dict. Réd., *Suc.*, 2189; Toulouse, 5 mars 1863; Marseille, 12 mars 1869; Pithiviers, 3 janv. 1878. CONTRA : Bellac, 4 août 1881.

(4) Châtillon-sur-Seine, 6 juill. 1887; Rép. Defrénois, 4874.

(5) Garnier, *Suc.*, 571-2; Dict. Réd., *Suc.*, 2199; Cass., 29 avril 1807, 3 déc. 1839; Seine, 7 juill. 1841; Montbéliard, 22 janv. 1857; Douai, 14 nov. 1856; Seine, 11 mai 1861; Tours, 14 mars 1862; Langres, 7 juill. 1886; Rép. Defrénois, 3984.

(6) Garnier, *Suc.*, 042; Dict. Réd., *Suc.*, 2205; Rouen, 5 mai 1847, 16 mai 1876; Bourgoin, 14 août 1847; Seine, 29 mars 1862; Lure, 14 juin 1873. CONTRA : Lyon, 15 déc. 1847.

(7) Garnier, *Suc.*, 646; Dict. Réd., *Suc.*, 2196; sol., 23 mai 1872.

le régime dotal s'applique à tous les biens. Mais ce droit revient à la femme quand il y a séparation de biens conventionnelle ou judiciaire, ou qu'il s'agit de valeurs paraphernales.

46. Exécuteurs testamentaires. — En principe, les exécuteurs testamentaires sont sans qualité pour agir au nom des héritiers ou des légataires (1).

47. Cessionnaire de droits successifs. — Les cessionnaires de droits successifs ne peuvent non plus être contraints de souscrire la déclaration de la succession, alors même qu'ils s'y seraient obligés par une clause spéciale du contrat de vente (2).

48. Mandataire. — Tout héritier, légataire, tuteur, etc. [FORM. 1 à 6], peut se faire représenter par un mandataire dont le pouvoir, sur timbre, mais dispensé d'enregistrement, reste déposé au bureau (3). Le mandant est responsable de toutes les erreurs commises par le mandataire (4); mais le mandat à l'effet de déclarer la succession n'autorise pas le mandataire à reconnaître ultérieurement par voie de soumission l'insuffisance de l'évaluation du revenu des immeubles (5). Quant à la déclaration faite par une personne sans mandat ni qualité, elle doit être considérée comme non avenue (6). On ne considère pas comme un mandataire : le syndic de la faillite du défunt, *supra* n° 43; ni le commissaire-priseur ou le notaire chargé d'employer le produit d'une vente de meubles au payement des droits de succession (7); ni le notaire commis en justice pour représenter un présumé absent (8); ni le séquestre nommé par le tribunal, en présence des héritiers non renonçants, pour faire vendre certains biens de la succession et en distribuer le prix aux créanciers (9). Il en est autrement des créanciers autorisés à accepter une succession du chef de leur débiteur.

Mme FOUCHÉ, M. Ernest DUPUIS et Mlle Alice DUPUIS, frère et sœurs germains de M. Léon DUPUIS, comme étant tous issus du mariage de mesdits sieur et dame DUPUIS, et, en cette qualité, habiles à se porter héritiers conjointement pour les trois quarts de surplus, ou séparément chacun pour un quart,

Donnent pouvoirs à M.....,

A l'effet de se présenter, etc. *(Le surplus comme en la formule 1.)*

FORMULE 4. — Pouvoir par le conjoint survivant tant en son nom comme donataire ou héritier, qu'aux noms de ses enfants mineurs (Nos 38, 48).

La soussignée Mme DELAIR (Christine-Héloïse), propriétaire, demeurant à....., veuve de M. GERMAIN (Charles-Auguste), en son vivant propriétaire, demeurant à....., où il est décédé le....,

Agissant tant en son nom personnel qu'aux noms et en qualité de tutrice légale de : 1° GERMAIN (Charles-Louis); 2° GERMAIN (Yvonne-Désirée), ses deux enfants mineurs, issus de son mariage avec son défunt mari.

Mme veuve GERMAIN, donataire d'un quart en propriété et un quart en usufruit des biens dépendant de la succession de son mari, en vertu d'un acte de donation reçu par Me....., notaire à....., le.....

Ou bien : Mme veuve GERMAIN, habile à recueillir, à titre d'hérédité, l'usufruit du quart des biens dépendant de la succession de son mari.

Et les mineurs GERMAIN habiles à hériter, chacun pour un tiers, de M. GERMAIN (Charles-Auguste), leur père.

Donne pouvoirs à M.....,

A l'effet de se présenter à tel bureau, etc. *(Le surplus comme en la formule 1.)*

---

(1) Garnier, *Suc.*, 639; Dict. Réd., *Suc.*, 2213; Marseille, 25 juill. 1867; sol., 19 fév. 1879.

(2) Garnier, *Suc.*, 643; Dict. Réd., *Suc.*, 2214; Vendôme, 26 fév. 1819; sol., 26 juin 1827; déc. min. fin., 24 sept. 1819; Melle, 26 mars 1852.

(3) Garnier, *Suc.*, 637.

(4) Garnier, *Suc.*, 637; Dict. Réd., *Suc.*, 2181; Cass., 18 août 1829; sol., 15 avril 1872.

(5) Bordeaux, 28 juill. 1880.

(6) Sol., 31 août et 14 nov. 1872, 23 nov. 1876.

(7) Garnier, *Suc.*, 639; Dict. Réd., *Suc.*, 2215.

(8) Garnier, *Suc.*, 635; Dict. Réd., *Suc.*, 2216; sol. Belg., 16 sept. 1867.

(9) Garnier, *Suc.*, 634; Dict. Réd., *Suc.*, 2204; Lyon, 18 août 1874.

49. Forme. — La déclaration est inscrite par le receveur, telle qu'elle est faite par les redevables, sur un registre spécial. Elle doit être signée des déclarants (L. 22 frim. an VII, art. 57) à peine de nullité (1); par suite, elle serait non avenue si le débiteur se retirait au moment de cette signature, sous le prétexte qu'il n'accepte pas la liquidation des droits ou qu'il n'a pas de fonds suffisants pour les acquitter (2). Si le déclarant ne sait pas signer, le receveur en fait mention (3).

50. Mentions. — Il faut que la déclaration contienne tous les renseignements nécessaires pour justifier la régularité de la perception, notamment la date de l'ouverture de la succession, les noms du défunt et de ses héritiers ou légataires, le degré de parenté de ceux qui se présentent pour recueillir les biens et l'indication du titre en vertu duquel ils agissent (4). La régie doit accepter, sur ces divers points, les affirmations des redevables, sauf à en prouver l'erreur par les voies ordinaires (5).

51. Meubles; état estimatif. — A l'appui du détail des biens meubles, les parties sont tenues de rapporter un inventaire ou état estimatif, article par article, par eux certifié [Form. 7], s'il n'a pas été fait par un officier public. Cet inventaire reste déposé au bureau (Loi 22 frim. an VII, art. 27), il doit être dressé sur timbre et peut être écrit à la suite du pouvoir sur la même feuille de papier timbré [Form. 8], il est exempt d'enregistre-

FORMULE 5. — Pouvoir par un légataire universel (N° 48).

Le soussigné M. Duclan (Eugène), propriétaire, demeurant à.....,

Habile à recueillir le legs universel que M. Poulon (Paul-Ernest), son oncle, en son vivant bijoutier, demeurant à....., où il est décédé le....., lui a fait aux termes de son testament reçu par Me....., notaire à....., le..... — *ou :* aux termes de son testament olographe en date à....., du....., déposé aux minutes de Me....., notaire à....., à la date du.....;

Donne pouvoirs à M.....,

A l'effet, etc. *(Le surplus comme en la formule 1.)*

FORMULE 6. — Pouvoir par un institué contractuel (N° 48).

Le soussigné M. Morel (Vincent-Robert), employé de banque, demeurant à.....,

Habile à recueillir l'institution contractuelle universelle que M. Morel (Charles-André), son oncle, en son vivant propriétaire, demeurant à....., où il est décédé le....., lui a faite aux termes du contrat de mariage du soussigné, reçu par Me....., notaire à....., le.....

Donne pouvoirs à M.....

A l'effet de....., etc. *(Comme en la formule 1.)*

FORMULE 7. — Etat de mobilier (N° 51).

Etat descriptif et estimatif des objets mobiliers et meubles meublants dépendant de la succession de M. Duval (Léon), en son vivant propriétaire, demeurant à....., où il est décédé le.....

Dans la cuisine :

1° Une table de cuisine, six chaises, quatre tabourets, le tout estimé douze francs, ci . 12 »

2° Une batterie de cuisine composée de huit casseroles en cuivre, quatre casseroles, trois passoires en fer battu, estimées ensemble trente-cinq francs, ci . . . . 35 »

Dans la salle à manger :

3° Une table à quatre allonges, un grand buffet avec étagère, une servante en chêne, estimés à cent douze francs, ci . . . . 112 »

4° Douze chaises en chêne cannelées, estimées vingt-quatre francs, ci . . . . . . 24 »

A reporter. . . . . . 183 »

(1) Garnier, *Suc.*, 668; Dict. Réd., *Suc.*, 1094; Cass., 26 avril 1808.
(2) Garnier, *Suc.*, 672; Dict. Réd., *Suc.*, 1094; Marseille, 13 avril 1849.
(3) Garnier et Dict. Réd., *loc. cit.*, inst., 1400.
(4) Inst., 443, 1318.
(5) Garnier, *Suc.*, 681; Dict. Réd., *Suc.*, 1051; Cass., 27 mars 1811; déc. min. fin., 16 nov. 1812; Amiens, 12 juin 1856.

ment. — Il ne saurait être remplacé par le détail inséré dans le contexte même de la déclaration sur le registre (1), à moins que les parties ne sachent pas signer (2). Les dispositions précédentes s'appliquent aux créances comme aux autres valeurs mobilières (3) [Form. 9], *infra* n° 53.

52. Inventaire authentique. — Toutefois les héritiers sont dispensés de fournir l'état estimatif ordinaire, lorsqu'il existe un inventaire authentique. Il suffit alors qu'ils en indiquent la date avec le nom et la résidence du notaire (4).

53. Créances. — La déclaration doit contenir l'indication des créances et mentionner le nom des débiteurs et le détail de chaque créance. Il ne suffirait pas que le montant total des créances fût indiqué en bloc, même en se référant à un inventaire authentique (5).

54. Actions et obligations. — Les actions et obligations de Compagnies ou de Sociétés et autres sont désignées par leurs numéros et leur nature, de façon qu'il ne puisse y avoir aucun doute sur la valeur à imposer.

55. Rentes sur l'Etat. — Il en est de même des rentes sur l'Etat dont la désignation précise est d'autant plus nécessaire qu'un certificat constatant l'acquit du droit doit être délivré (Loi 8 juin 1852, art. 25).

56. Immeubles. — Chacun des immeubles doit être aussi détaillé article par article,

---

Report. . . . . . . 183 »

Dans une chambre à coucher :

5° Deux chenets en bronze, un porte-pelle et sa garniture, estimés huit francs, ci . . 8 »

6° Une pendule, deux candélabres en bronze doré, estimés quatre-vingt francs, ci . . 80 »

7° Un chiffonnier en noyer ciré, estimé quinze francs, ci . . . . 15 »

8° Deux fauteuils, quatre chaises en noyer ciré, recouverts en velours, estimés soixante-dix francs, ci. . . . . 70 »

9° Un lit Henri II, à trois faces, en noyer ciré, un sommier élastique, un matelas, deux couvertures de laine, etc., estimés deux cent quinze francs, ci . . . . 215 »

10°.....; 11°....., etc . . . . » »

Montant de l'estimation. . . . . » »

Le présent état certifié sincère et véritable par le soussigné.

(Signature.)

Enregistrement. — Sur timbre, mais dispensé d'enregistrement.

FORMULE 8. — Etat de mobilier et pouvoir à la suite (N° 51).

Etat descriptif et estimatif des objets mobiliers et meubles meublants *(comme en la formule précédente.)*

Dans la cuisine :

1°.....; 2°.....; 3°....., etc.. . . . . » »

Montant de l'estimation . . . . » »

Le présent état certifié véritable par le soussigné Duval (Jacques), employé, demeurant à....., lequel donne pouvoir à M....., à l'effet de..... *(Le surplus comme en la formule 1.)*

A....., le.....

Bon pour pouvoir.

(Signature.)

FORMULE 9. — Etat de mobilier, créances et valeurs (Nos 51, 53).

Etat descriptif et estimatif des objets mobiliers, meubles meublants, créances et valeurs dépendant de la succession de M. Pledron (Louis), en son vivant horloger, demeurant à....., où il est décédé le.....

---

(1) Garnier, *Suc.*, 665; Dict. Réd., *Suc.*, 1069; Sarlat, 19 juin 1848.
(2) Garnier et Dict. Réd., *loc. cit.*, inst., 1400.
(3) Garnier, *Suc.*, 665; Sarlat, 19 juin 1848.
(4) Garnier, *Suc.*, 665; Dict. Réd., *Suc.*, 1070; décision du ministre des finances, 22 prairial an VII; inst., 1400.
(5) Garnier, *Suc.*, 663-4; Dict. Réd., *Suc.*, 1071; Cass., 16 janv. 1811, 14 mars 1814; Sarlat, 19 juin 1848; Guingamp, 14 fév. 1849.

avec l'énonciation du lieu dit de la commune où il est situé, de sa nature, de sa contenance et de son revenu (1). — S'il s'agit d'un domaine en un seul tenant, on peut se borner à le désigner par sa contenance en bloc, en indiquant de quoi il se compose. De même, lorsque les immeubles sont affermés par bail enregistré, il suffit d'en énoncer succinctement la consistance et de renvoyer au bail (2).

57. Actes sous seings privés non enregistrés. — La mention dans une déclaration d'actes sous seing privés non enregistrés ne permet pas d'exiger les droits d'enregistrement dont ils sont passibles (3).

SECTION IV. — Délais pour faire la déclaration.

58. Fixation. — Les délais accordés pour l'enregistrement des déclarations de successions sont :

59. 1° France. — De six mois, lorsque celui dont on recueille la succession est décédé en France ;

60. 2° Europe. — De huit mois s'il est décédé dans toute autre partie de l'Europe ;

61. 3° Amérique. — D'un an, s'il est mort en Amérique ;

62. 4° Afrique, Asie. — De deux ans, s'il est décédé en Afrique (Algérie comprise) ou en Asie (Loi 22 frim. an VII, art. 24).

63. Océanie. — La loi n'ayant fixé aucun délai pour la déclaration d'une succession, lorsque le défunt est décédé en Océanie, ce délai est de six mois à partir du jour où l'acte de décès est inscrit ou déposé en France, ou du jour où les héritiers se sont mis en possession de l'hérédité (4).

64. Prise de possession. — Les héritiers d'une personne décédée hors de France, qui ont pris possession de la succession avant les six derniers mois du délai fixé

I. *Objets mobiliers.*

Dans la cuisine : 1°.....; 2°..... *(Comme en la formule* 5.)		»	»

II. *Créances et valeurs.*

1° La somme de quinze mille francs due par M. Victor Dumas et Mme Juliette Fretet, son épouse, en vertu d'un acte d'obligation reçu par Me....., notaire à....., le....., ci	15,000	»		
Intérêts courus au jour du décès.	1,325	»	16,325	»
2° La somme de cinq mille francs due sans intérêts par M. Vincent Don, suivant reconnaissance en date du....., ci			5,000	»
3° Les sommes ci-après pour fournitures faites à des clients :				
1° Cinquante francs soixante-quinze centimes par M. Paul Lucas, ci.	50	75		
2° Trente francs par M. Louis Levêque, ci.	30	»		
4° Soixante-dix francs vingt-cinq centimes par Mme Lucie Dubus, ci.	70	25		
4°.....; 5°....., etc.	»	»		
Ensemble	1,820	50	1,820	50
4° 1,500 francs de rente trois pour cent sur l'Etat français en une inscription portée au nom de M. Pledron (Louis) sous le n° 143702 de la 2e série, représentant d'après le cours de la Bourse du jour du décès, étant de 96 fr., une somme de quarante-huit mille francs, ci			48,000	»
A reporter.			71,145	50

---

(1) Garnier, *Suc.*, 665-5 ; Dict. Réd., *Suc.*, 1078 ; Cass., 10 mai 1814, 27 janv. 1823 ; Saint-Pons, 29 nov. 1853. Voir Yvetot, 18 août 1863 ; Hazebrouch, 12 août 1865.

(2) Garnier, *Suc.*, 665-6 ; D. R., *Suc.*, 1080 ; circ., 19 vend. an VI.

(3) Garnier, *Suc.*, 667-1 ; Dict. Réd., *Suc.*, 1087 ; dél., 24 pluv. an XII.

(4) Rép. Defrénois, 1916-8.

supra n°s 60 à 63, sont tenus de faire la déclaration de succession dans les six mois à partir des faits constitutifs de cette prise de possession (1).

65. Calcul. — Le délai, pour effectuer la déclaration, se compte par mois du lendemain du jour de l'ouverture de la succession jusque et y compris celui de l'échéance. Ainsi une succession ouverte en France le 15 juin, doit être déclarée au plus tard le dernier jour du sixième mois, c'est-à-dire le 15 décembre, à moins que ce dernier jour ne soit férié (2). En admettant qu'un décès ait lieu le 28 ou le 29 février, on a jusqu'au 31 août pour faire la déclaration (3).

66. Prorogation. — Les tribunaux ne peuvent, sous aucun prétexte, proroger les délais dans lesquels doit être passée la déclaration de succession (4). Le gouvernement seul le fait quelquefois au moyen de décisions ministérielles, mais toujours sans préjudice des mesures conservatoires (5). Les demandes de prorogation de délai doivent être rédigées sur timbre et motivées par des circonstances spéciales, telles que, par exemple, l'éloignement des héritiers du territoire français, l'introduction d'instances sur la validité des testaments ou sur la qualité des héritiers ou des légataires, etc. [FORM. 9 et 10]. Sauf de très rares exceptions, les préposés doivent se dispenser d'instruire celles de ces affaires dont l'administration aurait été saisie moins d'un mois avant l'expiration du délai légal (6).

§ 1. *Décès.*

67. Point de départ du délai. — En principe, le délai part du jour du décès. En vertu de la maxime : *le mort saisit le vif,* la régie n'a besoin de prouver ni l'acceptation des héritiers (7), ni la prise de possession (8), ni la demande en délivrance des légataires, soit universels (9), soit particuliers (10), soit même de simples légataires en usufruit (11). — Si le légataire en usufruit était mort sans avoir manifesté son intention d'accepter, les droits de mutation ne pourraient être réclamés à ses héritiers (12).

Report. . . . . ,	71,145 50
5° 10 obligations n°s 27411 à 27420, trois pour cent de la Compagnie des chemins de fer de l'Ouest, en un certificat au nom de M. PLEDRON, n° 109450, représentant au cours de la Bourse du jour du décès, étant de 442 francs, une somme de	4,420
Ensemble	75,565 50

Le présent acte certifié véritable par le soussigné. (*Signature.*)

FORMULE 10. — Demande de prorogation de délai (N° 66).

A....., le..... 18.....

A MONSIEUR LE MINISTRE DES FINANCES.

Monsieur le Ministre,

Le soussigné DOMONT (Léon-Paul), propriétaire, demeurant à.....,

A l'honneur de vous exposer ce qui suit :

Mme DARCHE (Henriette), propriétaire, demeurant à....., veuve de M. PLUCHON (Charles), est

(1) Nancy, 16 mai 1888; Rép. Defrénois, 4953.

(2) Dict. Réd., *Suc.*, 1100, 1101; déc. min. fin., 19 juill. 1824; Rép. Defrénois, 1043-17; Béthune, 5 mars 1844.

(3) Dict. Réd., *Suc.*, 1102; sol., 13 avril 1872, 19 sept. 1872, 28 juin 1875, 23 déc. 1876, 6 déc. 1877.

(4) Garnier, *Suc.*, 476; Dict. Réd., *Suc.*, 1103; Cass., 4 fév. 1807; Angoulême, 23 janv. 1850; Seine, 22 fév. 1849; Grenoble, 4 déc. 1878.

(5) Reims, 31 juill. 1851.

(6) Garnier, *Suc.*, 476; Dict. Réd., *Suc.*, 1107; circ. 8 mai 1867.

(7) Garnier, *Suc.*, 491; Dict. Réd., *Suc.*, 1121; Cass., 21 oct. 1829, 7 mars 1842; inst., 1307-9, 1675-7.

(8) Rouen, 3 juin 1891; Rép. Defrénois, 6352.

(9) Garnier, *Suc.*, 493; Dict. Réd., *Suc.*, 1125; Cass., 16 janv. 1811, 4 fév. 1812, 10 mars 1829; inst., 1307-9; Saint-Flour, 29 déc. 1825; Seine, 15 mars 1838; Orléans, 23 déc. 1834; Lyon, 6 déc. 1843.

(10) Garnier, *Suc.*, 494; Dict. Réd., *Suc.*, 1125; Seine, 22 fév. 1849, 8 août 1850, 1er fév. 1862; Millau, 31 août 1855.

(11) Garnier, *Suc.*, 497; Dict. Réd., *Suc.*, 1127; Cass., 4 fév. 1812.

(12) Garnier, *Suc.*, 497; Dict. Réd., *Suc.*, 1128; déc. min. fin., 7 août 1815; dél., 26 déc. 1826; sol., 16 oct. 1872, 28 avril 1875, 29 oct. 1880.

68. Legs; contestation; terme. — Les contestations qui existent sur la validité des legs ne suspendent pas le délai accordé pour la déclaration (1). Il en est de même du terme que le défunt a apposé à leur délivrance (2).

69. Legs; condition suspensive. — Mais si le legs est fait sous une condition suspensive, le délai court seulement du jour où la condition s'accomplit (3).

70. Legs à établissement public. — Les legs aux établissements publics étant soumis à l'approbation du gouvernement, les droits n'en sont dus que dans les six mois qui suivent cette approbation; mais, comme les biens légués font partie de la succession, sous condition résolutoire jusqu'au jour de l'autorisation d'accepter et que les héritiers en ont la saisine, ceux-ci sont tenus de les déclarer et d'acquitter l'impôt suivant leur degré de parenté, sauf leur recours, s'il y a lieu (4). Toutefois l'administration, par une tolérance dont elle est seule juge, peut s'abstenir de leur en faire la réclamation (5). L'impôt deviendrait exigible auparavant si la prise de possession effective de l'établissement était prouvée (6). Jugé, à cet égard, que quand, par une transaction régulièrement approuvée, une somme d'argent a été substituée à un legs d'immeubles fait à une commune, c'est cette somme d'argent qu'il faut déclarer (7).

71. Usufruit successif; rente viagère reversible. — C'est encore un legs conditionnel que celui d'une rente viagère ou d'un usufruit à recueillir après la mort d'un premier légataire investi du même droit. Le délai court seulement à compter du décès de ce dernier (8). Il en est de même en matière de legs *de eo quod supererit*, pour l'institué en deuxième rang (9).

72. Legs; condition résolutoire. — Le legs de la nue propriété d'un immeuble avec clause que si le légataire de l'usufruit se marie ou parvient à l'âge de 21 ans, la nue propriété se réunira de plein droit à l'usufruit, est fait sous condition résolutoire et non suspensive, et les droits de mutation par décès sont immédiatement exigibles du nu-propriétaire (10). — Il en est de même du legs fait sous condition que le légataire s'abstiendra de prendre part dans une succession non encore ouverte (11), ou de celui qui est fait à une femme pour le cas où elle se séparerait de son fils (12). — La disposition par laquelle une mère lègue à son frère la quotité disponible de ses biens et à sa fille l'usufruit de cette même quotité, sous la condition que le legs sera considéré comme nul si la fille meurt sans enfants, est faite sous condition suspensive à l'égard du frère (13).

73. Biens rentrés dans l'hérédité. — Plus généralement, il faut dire que

---

décédée à....., le....., laissant pour héritiers M. Darche (Jacques-Henri), aubergiste, demeurant à....., et Mme Darche (Jeanne-Henriette) épouse de M. Vocher (Paul), cultivateur, avec lequel elle demeure à....., ses frère et sœur. Mais par testament olographe en date à....., du....., déposé en l'étude de Me....., notaire à....., le....., elle a exhérédé ses héritiers naturels et institué le soussigné pour son légataire universel.

Sur la requête à fin d'envoi en possession présentée par le soussigné à M. le président du tri-

---

(1) Garnier, *Suc.*, 503 : Dict. Réd., *Suc.*, 1142; Blois, 5 déc. 1848; Seine, 22 fév. 1849, 8 août 1850, 7 juill. 1866; Montpellier, 20 mai 1861; Grenoble, 4 déc. 1878; Villefranche, 11 août 1880.

(2) Garnier, *Suc.*, 502; Dict. Réd., *Suc.*, 1131; dél., 26 nov. 1833; inst., 1451-4; Confolens, 26 juill. 1833.

(3) Garnier, *Suc.*, 499; Dict. Réd., *Suc.*, 1187; déc. min. fin., 22 avril 1806; Château-Gontier, 27 août 1842; Nîmes, 30 août 1859; Cass., 18 avril 1883; Seine, 26 mars 1886; Rép. Defrénois, 1360, 3729.

(4) Garnier, *Suc.*, 510; Dict. Réd., *Suc.*, 1089; sol., 20 oct. 1856; Lodève, 8 nov. 1869; Cass., 9 août 1871; Nice, 28 août 1871; Montbrison, 20 déc. 1873; Seine, 12 janv. 1883; Bastia, 18 août 1883; Charolles, 2 fév. 1888; sol., 19 mai 1888; Issoire, 26 juin 1890; Rép. Defrénois, 1770, 1915, 4762, 4931, 6258. Contra : Valence, 29 mai 1873.

(5) Sol., 15 nov. 1875, 19 mai 1888; Rép. Defrénois, 4931.

(6) Sol., 20 oct. 1856.

(7) Cass., 25 fév. 1846.

(8) Garnier, *Suc.*, 518; Dict. Réd., *Suc.*, 1188; sol., 14 août 1825, 14 avril 1826; Le Hâvre, 25 juill. 1832; Cass., 30 déc. 1834; Rouen, 15 avril 1847; Seine, 6 fév. 1855; inst. 1187-7, 1200-5, 1422-8, 1481-9; Rép. Defrénois, 2233-22.

(9) Arcis-sur-Aube, 8 juill. 1875.

(10) Garnier, *Suc.*, 501; dél., 11 oct. 1831; Le Hâvre, 8 fév. 1849; Rouen, 1er mai 1849; Neufchatel, 14 mai 1849; Nogent-le-Rotrou, 23 déc. 1876. Voir Bayonne, 6 avril 1880; Cass., 26 nov. 1883; Seine, 11 juill. 1891; Rép. Defrénois, 129, 2032, 6325. Voir cep. Reims, 23 déc. 1891; *Ibid.*, 6516.

(11) Dél., 17 janv. 1834.

(12) Dél., 15 janv. 1833.

13) Seine, 28 juill. 1865.

l'obligation de souscrire la déclaration ne prend naissance que lorsque les héritiers ou les légataires ont été mis à même d'exercer leurs droits. Ainsi, les biens litigieux ou inconnus ne sont soumis à la déclaration que dans les six mois de leur rentrée en la possession des héritiers (1).

74. Séquestre. — Le délai pour la déclaration de succession d'un condamné dont les biens sont sous séquestre court du jour où les héritiers sont mis en possession (Loi 22 frim. an VII, art. 24). Il en est de même des biens séquestrés en vertu d'arrêtés de l'autorité administrative (2). Mais cette exception ne saurait s'étendre aux séquestres qui sont établis par la convention ou sur la réquisition des parties (3).

75. Dévolution. — Si les héritiers ou les légataires apparents sont évincés des biens de la succession, ceux qui viennent à leur place ont également un délai de six mois pour acquitter les droits. On l'a décidé à propos d'un enfant non viable (4), de la découverte d'un testament inconnu (5), d'une déclaration d'indignité (6), d'une renonciation par les héritiers du premier degré, ou par la veuve commune en biens (7), de l'annulation ou de la réduction d'un legs (8), du recel par l'un des époux (9). Toutefois en cas d'annulation de don manuel, les héritiers peuvent être dispensés de l'acquit des droits de mutation, lorsque le droit de don manuel a été perçu (10).

76. Jugement. — Lorsque les biens sont rentrés dans l'hérédité en vertu d'une décision judiciaire, le délai de six mois court du jour du jugement (11), ou, s'il y a eu appel, du jour de l'arrêt (12).

76 bis. Militaire. — La constatation du décès des militaires morts en activité de service, hors de leur département, n'ayant lieu que par l'inscription au registre de l'état civil, le délai pour le payement des droits de mutation par décès ne court que du jour de l'inscription de l'acte de décès sur le registre de l'état civil de leur domicile (13), ou de la prise de possession effective des biens si elle a lieu auparavant (14), ou encore du dépôt de l'acte de décès chez un notaire (15) ; mais non de la délivrance par le ministre de la guerre d'un certificat constatant qu'un militaire est resté en arrière de son corps dans une campagne et qu'il a été rayé des contrôles du régiment (16). Quant au militaire décédé dans son département, la règle ordinaire reprend son empire et le délai part du jour du décès (17).

§ 2. *Absence.*

77. Envoi en possession. — Les biens dépendant de la succession d'un absent

bunal civil de....., le....., les successibles de Mme Pluchon y ont formé opposition ; puis ils ont intenté contre le soussigné, devant le tribunal civil de....., par exploit de....., huissier à....., en date du....., une action en nullité du testament, en prétendant que la date était fausse.

Le jugement du tribunal ne sera probablement rendu que dans quelques mois et les délais pour

(1) Garnier, *Suc.*, 504 ; déc. min. fin., 22 avril 1806 ; Cass., 30 janv. 1809, 30 mars 1813, 15 mars 1814, 20 août 1816, 24 août 1841, 26 avril 1870 ; inst., 245 ; Seine, 3 juin 1859, 21 juill. 1865, 12 fév. 1876 ; Calvi, 15 janv. 1866 ; Bagnères, 13 mai 1872 ; Angoulême, 16 déc. 1872.

(2) Garnier, *Suc.*, 555 ; Dict. Réd., *Suc.*, 1163 ; Cass., 22 vend. an IX, 23 brum. an XIII, 14 août 1811, 9 novembre 1813.

(3) Garnier, *Suc.*, 533 ; Dict. Réd., *Suc.*, 1133 ; Cass., 6 août 1810.

(4) Garnier, *Suc.*, 546 ; Dict. Réd., *Suc.*, 1173 ; dél., 7 août 1822.

(5) Garnier, *Suc.*, 557-2 ; Dict. Réd., *Suc.*, 1167 ; inst., 1200-14 ; déc. min. fin., 11 oct. 1808 ; Cass., 26 juill. 1825 ; sol., 26 mars 1874, 11 mai 1875, 25 sept. 1877, 24 janv. 1880.

(6) Garnier, *Suc.*, 548 ; Dict. Réd., *Suc.*, 1172 ; déc. min. fin., 7 juin 1808.

(7) Garnier, *Suc.*, 516 ; Dict. Réd., *Suc.*, 1170, 1181 ; dél., 21 oct. 1814 ; Avranches, 12 nov. 1849 ; Seine, 16 fév. 1821, 30 nov. 1842, 7 déc. 1848, 25 mars 1852, 30 mai 1868, 17 août 1872, 12 juill. 1873.

(8) Dict. Réd., *Suc.*, 1180 ; Langres, 14 nov. 1855 ; Cass., 11 fév. 1807 ; Bernay, 19 déc. 1849 ; Bagnères, 18 avril 1859. Contra : Périgueux, 8 août 1891.

(9) Auxerre, 28 fév. 1877 ; Yvetot, 30 oct. 1885 ; Rép. Defrénois, 3701.

(10) Sol., 6 août 1881 ; Rép. Defrénois, 1122.

(11) Seine, 25 oct. 1889 ; Rép. Defrénois, 6020.

(12) Dict. Réd., *Suc.*, 1429 ; Cass., 20 août 1816, 28 juin 1820 ; Calvi, 15 janv. 1866 ; Vervins, 20 juin 1889 ; Rép. Defrénois, 5615. Contra : Cass., 13 fév. 1878.

(13) Garnier, *Suc.*, 528 ; Dict. Réd., *Suc.*, 1160 ; Cass., 29 avril 1818.

(14) Garnier, *Suc.*, 528 ; Dict. Réd., *Suc.*, 1159 ; Cass., 22 brum. an XIV, 8 mai 1826.

(15) Cass., 25 juin 1806.

(16) Cass., 9 mars 1819.

(17) Garnier, *Suc.*, 530 ; déc. min. fin., 21 juill. 1820.

doivent être déclarés dans les six mois à partir du jugement prononçant l'envoi en possession provisoire (Loi 28 avril 1816, art. 40) et, en cas d'appel, à partir de l'arrêt confirmatif (1).

78. Administration provisoire. — Le jugement qui, au lieu de déclarer l'absence, nomme les héritiers administrateurs provisoires (C. civ., 117), donne également ouverture aux droits de mutation (2).

79. Présomption d'absence. — A défaut de jugement, le délai de six mois pour la déclaration de succession court du jour de la prise de possession par les héritiers (Loi 22 frim. an VII, art. 24).

80. Prise de possession. — Cette prise de possession peut être prouvée de l'une des manières indiquées par l'art. 12 de la loi de 22 frimaire an VII (3). Elle résulte notamment : 1° du bail des biens de l'absent consenti par ses héritiers en leurs noms personnels (4); 2° de la cession de droits successifs (5); 3° de l'hypothèque conférée sur les biens de l'absent (6); 4° de l'inscription des héritiers présomptifs au rôle de la contribution foncière pour les biens de l'absent et du payement de l'impôt (7); 5° du partage dans lequel sont compris les biens revenant à l'absent alors même qu'il aurait été fait des réserves relativement à ses droits; par exemple, si un lot particulier avait été formé pour le cas où il reparaîtrait (8), ou si les copartageants s'étaient engagés à l'indemniser en cas de retour (9); 6° de la procuration à l'effet de recueillir la succession d'un absent (10); 7° de la quittance ou de la remise de dette donnée par les héritiers (11); 8° de la vente des biens de l'absent (12), même faite sous la condition que le prix serait restitué, s'il venait à reparaître (13); 9° de la transaction au sujet des biens de l'absent (14).

81. Présomptions insuffisantes. — Mais on ne saurait considérer comme constituant une prise de possession : 1° les actes conservatoires faits par les héritiers dans l'intérêt de l'absent (15); 2° le certificat du commissaire de la marine constatant le naufrage d'un bâtiment (16); 3° la nomination d'experts pour procéder au partage des biens de l'absent (17); 4° la quittance par les héritiers d'une somme due par l'absent, avec porte fort et promesse de ratification (18); 5° les actes faits par les héritiers en vertu d'une procuration générale de l'absent pourvu qu'il ne se soit pas écoulé dix ans depuis la date de la procuration (19); 6° l'enregistrement du testament laissé par l'absent (20).

82. Prise de possession partielle. — Si quelques-uns des héritiers font acte

---

faire la déclaration de succession expirent le.....; le soussigné vient solliciter de votre haute bienveillance, Monsieur le Ministre, de vouloir bien proroger de six mois le délai dans lequel il est tenu de déclarer la succession et payer les droits de mutation afférents à son legs universel.

Dans l'espoir que vous voudrez bien accéder à sa demande, le soussigné a l'honneur d'être,

Monsieur le Ministre,
Votre très humble serviteur,
(Signature.)

Sur timbre.

---

(1) Déc. min. fin., 6 juin 1823.

(2) Garnier, *Suc.*, 531; Dict. Réd., *Absence*, 8; déc. min. fin., 26 sept. 1817; Seine, 8 mars 1848.

(3) Garnier, *Absence*, 101; Dict. Réd., *Suc.*, 218, 219; Cass., 30 avril 1821, 2 juill. 1823, 12 mai 1834; dél., 22 nov. 1816; déc. min. fin., 27 déc. 1816.

(4) Garnier, *Absence*, 65-2; Dict. Réd., *Absence*, 9-2; déc. min. fin., 14 août 1818.

(5) Garnier, *Absence*, 65-3; Dict. Réd., *Absence*, 9-4; sol., 21 janv. 1877.

(6) Garnier, *Absence*, 65-1; Dict. Réd., *Absence*, 9-1; Cass., 30 avril 1821.

(7) Garnier, *Absence*, 65-4; Cass., 8 mai 1826; Bonneville, 8 avril 1878.

(8) Garnier, *Absence*, 65-6; Dict. Réd., *Absence*, 9-3; Cass., 12 mai 1834.

(9) Garnier, *Absence*, 65-6; Dict. Réd., *Absence*, 9-3; Cass., 26 juill. 1814. Voir déc. min. fin., floréal an XIII, 27 déc. 1816; Cass., 27 avril 1807, 22 juin 1808, 2 juill. 1823; Altkirch, 7 mars 1851; Seine, 8 mars 1848, 22 nov. 1878.

(10) Garnier, *Absence*, 65-7; Dict. Réd., *Absence*, 9-5; déc. min. fin., 18 août 1814.

(11) Garnier, *Absence*, 65-8 et 9; Dict. Réd., *Absence*, 9-6; Baume-les-Dames, 27 août 1880.

(12) Garnier, *Absence*, 65-11; Dict. Réd., *Absence*, 9-7; déc. min. fin., 12 janv. 1808; Lille, 22 janv. 1875; Seine, 22 nov. 1878.

(13) Cass., 2 nov. 1813.

(14) Garnier, *Absence*, 65-10; Dict. Réd., *Absence*, 9-8; Cass., 30 avril 1821.

(15) Garnier, *Absence*, 66-1; Cass., 18 avril 1809.

(16) Garnier, *Absence*, 66-2; Dict. Réd., *Absence*, 10-4. Voir aussi Cass., 9 mars 1819.

(17) Garnier, *Absence*, 66-4; Dict. Réd., *Absence*, 10-2; Florac, 19 mars 1817; déc., 24 sept. 1817.

(18) Garnier, *Absence*, 66-6; sol., 23 déc. 1820.

(19) Garnier, *Absence*, 66-4; Dict. Réd., *Absence*, 10-1.

(20) Garnier, *Absence*, 66-7; Dict. Réd., *Absence*, 10-3; sol., 6 mars 1875.

de prise de possession, la déclaration ne doit être faite que par ceux-ci et ils ne doivent l'impôt de succession que jusqu'à concurrence de la part leur revenant (1). Il en est de même du légataire à titre particulier qui prend possession de l'objet à lui légué.

83. Communauté; option. — L'époux commun en biens qui opte pour la continuation de la communauté empêchant l'envoi en possession provisoire des biens de l'absent, aucun droit de mutation par décès n'est dû tant que dure son administration (2).

84. Succession échues à l'absent. — Les successions échues à l'absent depuis sa disparition ne sont assujetties à aucun droit de mutation du chef de l'absent, s'il n'est pas prouvé qu'il existait au moment de leur ouverture : cette preuve est à la charge de l'administration (3). Il en est de même des successions échues à des militaires absents (4).

85. Double mutation. — Mais si le successible d'un absent décède avant l'expiration des délais pour faire déclarer l'absence et que ses héritiers se fassent ensuite envoyer en possession, ils doivent deux droits distincts de mutation sur les biens de l'absent, l'un du chef de leur auteur, l'autre de leur chef comme héritier de ce dernier (5).

SECTION V. — Bureaux où les déclarations doivent être faites.

86. Immeubles. — Les immeubles, en propriété ou usufruit, doivent être déclarés au bureau de la situation des biens (Loi 22 frim. an VII, art. 27). Si les immeubles de la succession sont situés dans plusieurs bureaux, il faut faire autant de déclaration qu'il y a de bureaux compétents; lorsque les immeubles sont affermés pour un seul prix, il y a lieu de ventiler le fermage.

87. Actions immobilisées. — Les droits sur les actions immobilisées, *infra* n° 176, doivent être payés au bureau dans l'arrondissement duquel se trouve le siège de l'administration. Ainsi la déclaration des actions immobilisées de la Banque de France doit être effectuée à Paris, au bureau du premier arrondissement (6).

88. Meubles. — Les meubles corporels se déclarent au bureau dans l'arrondissement duquel ils se trouvaient au décès de l'auteur de la succession (Loi 22 frim. an VII, art. 27). On le décide ainsi notamment pour les espèces d'or et d'argent (7), pour l'intérêt appartenant au défunt dans une coupe de bois (8), pour les pierres extraites d'une carrière ainsi que l'outillage (9). Les navires se déclarent au bureau du lieu de leur immatricule (10).

FORMULE 11. — Autre demande en prorogation de délai
(N° 66).

A Monsieur le Ministre des finances; direction de l'enregistrement et des domaines,

Le soussigné RONDEAU (Ernest-Charles), propriétaire, demeurant à...., a l'honneur d'exposer ce qui suit :

M. BERNAY (Théodore-Adolphe), en son vivant propriétaire, demeurant à....., veuf non remarié de Mme....., est décédé en son domicile, le.....

Le soussigné, qui avait aux mains le testament de M. BERNAY, l'instituant pour légataire universel, n'a connu, à cause de son éloignement, le décès de M. BERNAY que plus de quatre mois après sa mort, et c'est seulement à la date du..... que le testament, en vertu d'ordonnance, a été déposé à Me....., notaire à.....

Le soussigné, en sa qualité de légataire universel, envoyé en possession par ordonnance de M. le président du tribunal civil de....., en date du....., fait procéder actuellement à l'inventaire

---

(1) Dict. Réd., *Suc.*, 1154; dél., 21 fév. 1821.
(2) Garnier, *Absence*, 87; Orléans, 22 nov. 1850.
(3) Dict. Réd., *Suc.*, 1160; Cass., 29 avril 1818.
(4) Garnier, *Absence*, 88; dél., 26 août 1828; Cass., 17 fév. 1829; Gray, 29 août 1839.
(5) Dict. Réd., *Suc.*, 1159; Cass., 22 brum. an XIV, 8 mai 1826.
(6) Garnier, *Suc.*, 582-3; Dict. Réd., *Suc.*, 1198; sol., 11 avril 1866, 14 avril 1881.
(7) Garnier, *Suc.*, 583-2; Dict. Réd., *Suc.*, 1193.
(8) Garnier, *Suc.*, 583-4; Dict. Réd., *Suc.*, 1200; sol., 6 sept. 1810.
(9) Dict. Réd., *Suc.*, 1202; sol., 13 sept. 1812.
(10) Garnier, *Suc.*, 583-1; Dict. Réd., *Suc.*, 1201; sol., 12 oct. 1875.

89. Créances, valeurs. — Les créances, rentes et autres valeurs sans assiette déterminée acquittent l'impôt au bureau du domicile du défunt (Loi 22 frim. an VII, art. 27). Tels sont les arrérages et les intérêts de capitaux, les créances de toute nature, même hypothécaires (1), les rentes perpétuelles, rentes sur l'Etat, actions dans les sociétés (2), les billets de banque que l'on considère comme des titres de créance (3), les marchandises entreposées dans les différentes villes de France et qui n'ont pas cessé d'être à la disposition de la succession (4), les legs de sommes d'argent n'existant pas en nature dans la succession (5) alors même que le testament a été reçu à l'étranger (6).

90. Reprises. — Les reprises que les époux ont le droit d'exercer sur les biens de la communauté, *infra* nº 291, doivent être déclarées : au bureau du domicile pour celles prélevées sur l'argent et les meubles sans assiette déterminée et aux bureaux de la situation des biens pour le surplus (7).

91. Etranger. — De sérieux embarras se sont élevés au sujet des valeurs dépendant de la succession de Français décédés à l'étranger ou d'étrangers décédés en France. Le principe en cette matière est que les biens situés hors du territoire de la France ne devraient pas être soumis à l'impôt, lors même qu'ils seraient recueillis par un Français, et réciproquement que tous les biens situés en France doivent être passibles de l'impôt, quoiqu'ils échoient à des étrangers, même suivant leurs droits résultant de leur statut personnel (8).

92. Valeurs étrangères. — Par application des mêmes règles, on devrait exempter de l'impôt les valeurs industrielles, rentes, actions ou obligations dépendant des sociétés étrangères, puisque ces valeurs ont leur assiette légale au siège des entreprises. Mais la loi du 18 mai 1850 a dérogé au principe en soumettant au droit de mutation par décès, dans son art. 7, les fonds publics et actions des compagnies ou sociétés d'industrie et de finances étrangères dépendant d'une succession régie par la loi française. Cette dérogation a été étendue aux obligations des mêmes sociétés par la loi du 13 mai 1863, art. 11, et aux créances, parts d'intérêts, obligations de villes, établissements publics, et généralement à toutes les valeurs étrangères, de quelque nature qu'elles soient, par l'art. 3 de la loi du 23 août 1871.

93. Meubles corporels situés à l'étranger. — Cette énumération établit que le législateur a eu la volonté de ne soumettre à l'acquit des droits de succession que les valeurs incorporelles dues ou situées à l'étranger et d'en excepter les meubles corporels; en conséquence, les meubles corporels situés à l'étranger dépendant d'une succession régie par la loi française ne sont pas sujets, en France, au droit de mutation par décès (9).

94. Rente immobilisée étrangère. — Lorsqu'une succession ouverte en

---

après le décès de M. Bernay. La consistance de la succession est assez difficile à établir, par l'absence de titres et pièces et par de nombreux comptes à régler.

Cette circonstance met le soussigné dans l'impossibilité de faire la déclaration de la succession dans les six mois du décès.

---

(1) Garnier, *Suc.*, 584; Dict. Réd., *Suc.*, 1226; Cass., 21 déc. 1813, 14 déc. 1870; Agen, 12 fév. 1870.

(2) Garnier, *Suc.*, 584; sol., 5 mars 1811.

(3) Garnier, *Suc.*, 583-3; Dict. Réd., *Suc.*, 1220; sol., 3 avril 1864, 26 mars 1872.

(4) Garnier, *Suc.*, 584; Dict. Réd., *Suc.*, 1227; sol., 26 mars 1825.

(5) Garnier, *Suc.*, 584-1; Dict. Réd., *Suc.*, 1222; sol., 17 septembre 1828, 18 avril 1861, 2 janvier 1866, 1er juin 1872, 8 décembre 1877. Voir cep. sol., 23 janvier 1883; Rép. Defrénois, 1097.

(6) Dict. Réd., *Suc.*, 1222; déc. min. fin., 27 juin 1878.

(7) Garnier, *Suc.*, 585-2; Dict. Réd., *Suc.*, 1203; Béthune, 7 avril 1868; sol., 9 sept. 1868, 7 août 1869, 26 nov. 1872, 26 août 1879.

(8) Dict. Réd., *Etranger*, 280; Conseil d'Etat, 11 fév. 1869; Cass., 13 juill. 1869.

(9) Rouen, 22 juin 1864; Seine, 6 janvier 1866; Versailles, 26 février 1878; Nice, 11 février 1879; Cass., 28 janvier 1880, 5 avril 1887; Die, 26 mai 1885. Contra : Garnier, *Etranger*, 33; Seine, 14 février 1874; Valence, 25 juin 1884; Cass., 17 décembre 1890; Rép. Defrénois, 2560, 3035, 3633, 5642.

France comprend une rente immobilisée, créée en pays étranger, cette valeur est mobilière relativement au Trésor français et se trouve passible de l'impôt de mutation (1).

95. Français décédé à l'étranger. — Lorsqu'un Français est décédé à l'étranger, il faut distinguer suivant qu'il avait conservé son domicile en France ou qu'il avait acquis un domicile à l'étranger : dans le premier cas, sa succession doit être déclarée à son domicile réel en France ; toutes les valeurs mobilières même celles étrangères, *supra* n° 92, sont soumises à l'impôt de mutation par décès (2). — Mais s'il a acquis un domicile à l'étranger, aucun droit n'est dû sur les valeurs étrangères (3). Les valeurs et créances ayant leur assiette en France sont seules assujetties à l'impôt, *infra* n° 97 ; il en est ainsi notamment des créances dépendant de la succession d'un Français domicilié hors du territoire et résultant de titres souscrits en France par des Français, payables en France et hypothéqués sur des biens français (4).

96. Etranger décédé en France. — Toutes les valeurs étrangères, de quelque nature qu'elles soient, qui dépendent de la succession d'un étranger décédé en France où il y avait son domicile, avec ou sans autorisation, sont soumises à l'impôt de mutation par décès (Loi 23 août 1871, art. 4). Ce qui est dit *supra* n°s 92 et 93 est applicable pour les valeurs y énumérées à l'égard de l'étranger domicilié en France (5). L'étranger est considéré comme domicilié de fait en France, quand il y a un établissement ou une résidence qui pour un Français constituerait un véritable domicile (6). Si l'étranger n'avait en France aucun domicile, par exemple, s'il était simplement de passage ou résidait temporairement dans une ville balnéaire, sa succession serait régie, au point de vue de l'acquit des droits de mutation par décès, par les mêmes principes que s'il était décédé à l'étranger, *infra* n° 97. Mais les meubles meublants qu'il laisserait en France seraient assujettis au droit (7) ; il en serait de même du legs d'une somme d'argent fait en vertu d'un testament reçu par un notaire français et acquitté avec des espèces françaises (8).

97. Etranger décédé à l'étranger. — Quand l'étranger décède en pays étranger, les valeurs ou créances qui ont leur assiette légale en France, soit en raison du domicile du débiteur, soit par suite de l'exécution de l'engagement, sont seules assujetties aux droits de mutation (9). C'est ce qui a été décidé pour : 1° le legs fait à un Français par un étranger, d'une somme payable en France avec des valeurs françaises (10), ou hypothéquée sur des immeubles français (11) ; 2° les créances résultant d'obligations souscrites en France par des Français avec hypothèque sur des biens de France (12) ; 3° la créance hypothéquée sur des biens étrangers, mais établie par un titre souscrit en France, due par un individu et une caution domiciliés en France et dont le recouvrement est soumis à la juridiction des tribunaux français (13) ; 4° les fonds déposés en compte courant dans une maison de banque en France (14) ;

Il vient vous prier, Monsieur le Ministre, de vouloir bien lui accorder un délai supplémentaire de trois mois.

Dans l'espoir que, etc. (*Comme en la formule* 10.)

---

(1) Garnier, *Etranger*, 82 ; Seine, 12 janv. 1861 ; Cass., 28 juill. 1862, 15 juill. 1885 ; Rép. Defrénois, 3184.

(2) Garnier, *Etranger*, 74-1 ; Dict. Réd., *Etranger*, 318 ; Saint-Gaudens, 6 juill. 1876 ; sol., 23 nov. et 2 déc. 1876 Bonneville, 9 août 1880.

(3) Seine, 25 juin 1880 ; Rép. Defrénois, 537.

(4) Garnier, *Etranger*, 74-3 ; Cass., 10 mai et 10 nov. 1823 ; Aurillac, 31 déc. 1850.

(5) Garnier, *Etranger*, 75-2 ; Dict. Réd., *Etranger*, 321 ; Seine, 7 fév. 1879.

(6) Garnier, *Etranger*, 75-2 ; Dict. Réd., *Etranger*, 321 ; Rouen, 22 juin 1864 ; Seine, 6 janv. 1866 ; Versailles, 26 fév. 1878 ; Nice, 11 fév. 1879, 9 juill. 1883 ; Montbéliard, 30 mai 1887 ; Rép. Defrénois, 1914, 4738. Voir Cass., 12 janv. 1869.

(7) Déc. min. fin., 7 fév. 1834.

(8) Seine, 16 mars 1888 ; Rép. Defrénois, 4230.

(9) Garnier, *Etranger*, 76 ; Dict. Réd., *Etranger*, 281 ; Cass., 24 fév. 1869, 16 déc. 1870.

(10) Garnier, *Etranger*, 76-1 ; Oloron, 20 mai 1843. Voir aussi Cass., 16 juin 1823.

(11) Seine, 10 mai 1854.

(12) Garnier, *Etranger*, 76-2 ; Cass., 27 juill. 1819, 16 juin et 10 nov. 1823, 29 août 1837, 13 juill. 1869 ; sol., 14 août 1827 ; Altkirch, 31 déc. 1850.

(13) Garnier, *Etranger*, 76-2 ; Dict. Réd., *Etranger*, 287 ; Cass., 20 janv. 1858 ; Valenciennes, 9 août 1860.

(14) Garnier, *Etranger*, 76-3 ; Dict. Réd., *Etranger*, 290 ; Seine, 31 janv. 1863.

5° les lettres de change tirées sur une place française (1); 6° les actions et obligations de sociétés françaises (2); 7° les assurances sur la vie contractées à des compagnies françaises (3).

98. Etranger. — Régime matrimonial. — Lorsque des époux étrangers, décédés en France et laissant des biens régis par la loi française, ont été mariés à l'étranger, leurs conventions, qui forment leur loi particulière, doivent recevoir leur exécution en France pour tout ce qui n'est pas contraire à la loi française (4). — Par suite, si, à défaut de contrat de mariage, le statut matrimonial attribue au mari tous les biens meubles et immeubles acquis pendant le mariage, il doit être suivi; et la femme instituée légataire universelle de son mari doit acquitter le droit de mutation sur l'intégralité des biens (5). Jugé que le trust nommé à une femme anglaise, suivant les usages anglais, étant un administrateur et non pas le propriétaire des biens mis en *trustees*, ces biens, après le décès de la femme, sont passibles du droit de succession (6).

99. Colonies. — Les créances résultant d'obligations souscrites par des individus domiciliés en Algérie, ou dans une colonie française où le droit de succession est réduit ou même n'existe pas, payables au même lieu et hypothéquées sur des immeubles qui y sont situés, se trouvent néanmoins assujetties au droit de mutation par décès, au taux réglé pour la France, lorsqu'elles dépendent d'une succession ouverte en France, les créances étant censées situées au lieu du domicile du défunt (7).

100. Bureau. — La déclaration est faite et les droits sont acquittés au bureau du domicile du défunt, s'il en a un en France. Mais quand il s'agit de la succession d'un étranger mort à l'étranger, les rentes d'Etat, même départementales, doivent être déclarées à Paris, au bureau du premier arrondissement (8). Quant aux créances et autres valeurs désignées *supra* nos 92 à 99, elles acquittent, dans le même cas, le droit au bureau du domicile du débiteur ou du siège social (9).

101. Ambassadeur. — L'hôtel d'un ambassadeur est réputé terre étrangère; de sorte que, si un ambassadeur ou une personne de sa suite décède, les objets mobiliers qui se trouvent dans l'hôtel ne sont point sujets au droit de mutation (10). Mais cette dispense ne s'applique pas aux créances et aux immeubles que le défunt posséderait en France (11). — Les dispositions précédentes ont été étendues aux consuls et aux hôtels des consulats (12).

102. Bureau incompétent. — Toute déclaration faite à un autre bureau que

---

FORMULE 12. — Réquisition pour délivrer copie d'une déclaration de succession (N° 104).

Je soussigné, héritier pour partie de M....., décédé à....., le.....,

Requiers, par ces présentes, M. le receveur du..... bureau des successions à Paris, de vouloir bien me délivrer une copie de la déclaration de la succession de M..... (.....arrondissement).

Fait à....., le.....

(Signature légalisée par le maire.)

Cette autorisation peut être donnée sur papier libre.

---

(1) Garnier, *Etranger*, 76-5; Dict. Réd., *Etranger*, 293; Cass., 29 nov. 1858.

(2) Garnier, *Etranger*, 76-4; Le Hâvre, 21 mars 1862; Nice, 7 fév. 1881.

(3) Garnier, *Etranger*, 76-6; sol., 23 juin 1883; Rép. Defrénois, 3266.

(4) Cass., 12 juin 1855. Voir Nice, 5 fév. 1867.

(5) Inst., 2010-9; Cass., 18 août 1873. Voir Amiens, 8 mai 1880; Rép. Defrénois, 338.

(6) Seine, 10 déc. 1880; Rép. Defrénois, 337. Voir Garnier, *Etranger*, 83.

(7) Dict. Réd., *Suc.*, 1236; Cass., 24 fév. 1869, 16 déc. 1870; Agen, 12 fév. 1870. Voir cep. Seine, 4 déc. 1858, 30 juill. 1867; Grenoble, 6 mai 1865; Marmande, 30 janv. 1867; Gray, 14 août 1891.

(8) Garnier, *Etranger*, 84; Dict. Réd., *Etranger*, 326; déc. min. fin., 10 mars 1853; Cass., 12 août 1837. Contra : Seine, 15 août 1858.

(9) Garnier, *Etranger*, 84-2; Dict. Réd., *Etranger*, 326; inst., 290-36; Cass., 27 juill. 1819; avis cons. d'Etat, 11 fév. 1829.

(10) Garnier, *Ambassadeurs*, 3; Dict. Réd., *Suc.*, 1686; déc. min. fin., 9 juill. 1811, 12 sept. 1829.

(11) Garnier, *Ambassadeurs*, 4; déc. min. fin., 27 mars 1822; Cass., 26 avril 1815; inst., 1303-9.

(12) Garnier, *Ambassadeurs*, 3; déc. min. fin., 17 fév. 1858.

celui déterminé par la loi doit être considérée comme non avenue, sauf restitution aux parties des droits payés par erreur, et la régie est fondée à exiger d'elles, sous peine du demi-droit en sus, une déclaration régulière au bureau compétent, ainsi que le payement des droits (1). La prescription applicable à cette nouvelle déclaration est celle des successions non déclarées (2). Il a été décidé néanmoins que si la prescription biennale s'oppose à la restitution des droits perçus au bureau incompétent, on doit en tenir compte lors de la déclaration à faire au bureau de la situation (3).

103. Ouverture du bureau. — La déclaration de succession doit être faite pendant les heures fixées pour l'ouverture du bureau; en dehors de ces heures, le receveur est en droit de la refuser, même lorsqu'elle est présentée le dernier jour du délai (4).

104. Copie de déclaration de succession. — Les registres sur lesquels les receveurs transcrivent les déclarations de successions ne sont pas publics, et il ne peut en être délivré copie que sur une réquisition écrite par l'un des héritiers [Form. 12].

SECTION VI. — **Renonciation.**

105. Forme. — La renonciation doit en principe être faite au greffe du tribunal (C. civ., 781) (5). Toutefois l'administration admet la validité des renonciations à successions, legs ou communauté, faites devant notaires (6), ce qui s'applique également aux renonciations par le conjoint survivant aux droits en usufruit que lui sont conférés par le nouvel article 767 du Code civil (7) [Form. 13]. Si l'époux survivant est en même temps donataire de son conjoint, et qu'il ne veuille exercer aucun droit sur sa succession, il doit renoncer à la fois à la donation et aux droits d'hérédité en usufruit [Form. 14]. — Quant aux renonciations aux legs à titre particulier, elles peuvent même être faites par acte sous seing privé, alors surtout qu'il a été déposé au rang des minutes du notaire (8). En aucun cas, la renonciation ne saurait être effectuée dans la déclaration de succession (9).

106. Personne décédée. — Quand un héritier, donataire ou légataire, est décédé sans avoir accepté ou répudié la succession, ses héritiers peuvent renoncer de son chef à cette succession et éviter, par ce moyen, le payement d'un second droit de mutation (10).

107. Renonciation annulée. — La renonciation n'est pas valable si le renonçant ou son auteur (11) a déjà fait adition; par exemple, s'il a accepté bénéficiairement (12),

---

FORMULE 13. — Renonciation par le conjoint survivant aux droits d'hérédité en usufruit (N° 105).

Par devant Me.....,

A comparu :

Mme Lupin (Thérèse), rentière, demeurant à....., veuve de M. Duval (Louis), en son vivant propriétaire, demeurant à....., où il est décédé le.....;

Laquelle a, par ces présentes, déclaré renoncer purement et simplement au droit en usufruit qui lui est conféré par l'art. 767 du Code civil sur les biens dépendant de la succession de M. Duval, son mari.

---

(1) Garnier, *Suc.*, 561-1; Dict. Réd., *Suc.*, 1238; déc. min. fin., 23 sept. 1841; inst., 1649; Corbeil, 23 août 1854; Seine, 4 déc. 1860. Contra : Altkirch, 29 juill. 1857.

(2) Marseille, 19 nov. 1839; Seine, 24 mai 1843.

(3) Dict. Réd., *Suc.*, 1239; dél., 29 juill. 1853. Voir sol., 23 mars 1882; Rép. Defrénois, 944.

(4) Garnier, *Suc.*, 567; Gien, 11 nov. 1840.

(5) Garnier, *Renonc.*, 19; Le Hâvre, 24 juin 1839; Rennes, 5 fév. 1849; Avranches, 28 déc. 1855; Châteauroux, 5 fév. 1873; sol., 13 août 1877, 4 oct. 1888.

(6) Dict. Réd., *Renonc.*, 167; Cass., 4 mars 1856, 24 nov. 1857. Voir Garnier, *Renonc.*, 20, 22.

(7) Rép. Defrénois, 6383.

(8) Garnier, *Renonc.*, 23; Dict. Réd., *Renonc.*, 168; Cass., 10 mars 1870; Toulouse, 20 janv. 1881; sol., 27 mars et 4 juill. 1878, 5 fév. 1885.

(9) Dict. Réd., *Renonc.*, 168; Avesnes, 14 mars 1879.

(10) Garnier, *Renonc.*, 180; Dict. Réd., *Renonc.*, 365; Cass., 30 mai 1849, 29 avril 1854; Villefranche, 4 mars 1836, 17 juin 1847; dél., 28 août 1879.

(11) Garnier, *Renonc.*, 184; Dict. Réd., *Renonc.*, 368; Blois, 5 août 1851; Cass., 27 juin 1837.

(12) Garnier, *Bénéf. d'inv.*, 43; Dict. Réd., *Bénéf. d'inv.*, 43; Cass., 1er fév. 1830, 24 avril 1833; Seine, 11 janv. 1873; Lille, 27 nov. 1874; Annecy, 24 juin 1875.

affermé un immeuble (1) en son titre d'héritier (2); hypothéqué des biens héréditaires (3), ou donné quittance à des débiteurs de la succession (4); s'il a pris qualité expresse dans un inventaire ou autre acte (5); s'il a donné une procuration pour régir les biens (6); s'il a consenti une mainlevée d'inscription (7), etc. Il importe peu que le successible soit mineur, si l'adition d'hérédité par son tuteur a eu lieu en vertu d'une délibération du conseil de famille homologuée par le tribunal (8). — La renonciation serait également sans effet, si le renonçant faisait ultérieurement acte d'héritier (9).

108. Renonciation à communauté; mari. — Le mari ne peut pas renoncer de son chef ou du chef de sa femme à la communauté dissoute (10).

109. Fraude. — Dans tous les cas où la renonciation est possible, il faut, pour la faire accepter à la régie, qu'elle soit exempte de fraude (11); c'est-à-dire que le renonçant ne reçoive pas, par des voies indirectes, le prix de son désistement. La jurisprudence a rendu, sur ce point, un très grand nombre de solutions qui varient toutes selon les espèces soumises à l'appréciation de la cour et des tribunaux. — Nous citerons seulement les renonciations à jouissance faites par un seul ou plusieurs actes, moyennant une rente ou un autre usufruit qui représente la valeur de la jouissance abandonnée (12); — et les renonciations suivies d'un partage anticipé dans lequel le renonçant retrouve l'équivalent des bénéfices (13); mais non si la simulation n'est pas établie (14). On ne considère pas comme frauduleuse, la renonciation à une institution contractuelle faite par le conjoint survivant, alors même qu'elle a eu pour but de rendre efficace le legs de la quotité disponible fait par le défunt à l'un de ses successibles (15).

110. Renonciation partielle, non admissible. — La régie n'admet pas non plus la sincérité des renonciations partielles à un legs. Elle fait acquitter le droit de mutation par décès sur la totalité des valeurs, comme si la renonciation n'existait pas, et le droit de donation sur les biens compris dans le désistement gratuit (16). — Telle est la renonciation à la nue propriété d'un immeuble légué en toute propriété (17); — ou réciproquement (18) la renonciation à une portion de l'usufruit légué (19); — à une fraction de la toute propriété de l'objet du legs (20); — celle que le légataire universel consent au sujet de la

---

Mme Duval prend l'engagement de réitérer cette renonciation au greffe du tribunal civil de....., à toute demande des héritiers de son mari.

Dont acte. Fait et passé, etc.

Enregistrement. — Droit fixe, 3 fr. (Loi 22 frim. an VII, art. 68, § 1, n° 1).

---

(1) Garnier, *Renonc.*, 97; Dict. Réd., *Renonc.*, 12; Cass., 24 juin 1837, 7 mars 1855; Valenciennes, 8 mai 1882; Mayenne, 13 fév. 1884; Rép. Defrénois, 2309.

(2) Garnier, *Renonc.*, 89; Dict. Réd., *Renonc.*, 206; Cass., 13 mars 1860, 17 août 1863.

(3) Garnier, *Renonc.*, 91; Hazebrouck, 27 nov. 1880; Rép. Defrénois, 533.

(4) Villefranche, 3 août 1888; Rép. Defrénois, 5054.

(5) Garnier, *Renonc.*, 108; Dict. Réd., *Renonc.*, 222; Cass., 4 avril 1849, 1er juill. 1874; Saint-Girons, 21 juill. 1875; Limoges, 16 nov. 1876.

(6) Garnier, *Renonc.*, 113; Dict. Réd., *Renonc.*, 204, 219; Cass., 4 avril 1869; Saint-Amand, 5 déc. 1867.

(7) Garnier, *Renonc.*, 109. Contra : Mortagne, 22 mai 1885; Rép. Defrénois, 3012.

(8) Vienne, 18 mars 1880; Saint-Etienne, 10 déc. 1883; Rép. Defrénois, 2060.

(9) Inst., 2348-1; Cass., 17 janv. 1866; Saint-Omer, 16 avril 1875; Mayenne, 13 fév. 1884; Rép. Defrénois, 2309.

(10) Garnier, *Renonc.*, 87; Cass., 8 mars 1842, 26 nov. 1849. Voir Seine, 7 déc. 1848, 22 déc. 1849; Lyon, 21 mars 1865.

(11) Garnier, *Renonc.*, 69; Dict. Réd., *Renonc.*, 197; Cass., 27 mars 1855.

(12) Garnier, *Renonc.*, 71; Dict. Réd., *Renonc.*, 263; Cass., 27 mars 1855, 18 juill. 1860, 17 janv. 1866, 31 déc. 1872; Arras, 14 août 1844; Béthune, 9 juill. 1844; Pont-Audemer, 14 janv. 1851; Alençon, 18 nov. 1850; Seine, 25 juill. 1850; Cusset, 3 août 1856; Coutances, 4 avril 1857; Lille, 15 mai 1858; Brignoles, 17 déc. 1858; Beaune, 25 août 1864; Saint-Amand, 5 déc. 1867; La Flèche, 28 avril 1868. Contra : Nancy, 17 fév. 1862.

(13) Garnier, *Renonc.*, 75; Dict. Réd., *Renonc.*, 267; Pont-l'Evêque, 17 oct. 1846; Mortagne, 22 juill. 1847; Montmédy, 20 juin 1852; Montpellier, 1er juill. 1850; Alençon, 21 déc. 1846; Rambouillet, 12 déc. 1845; Saint-Quentin, 1er juill. 1846; Nogent-le-Rotrou, 19 août 1854; Avesnes, 6 avril 1859; Sens, 15 juill. 1864; Saint-Omer, 2 juin 1866; Dunkerque, 18 juill. 1867; Montargis, 28 mai 1872; Fontainebleau, 30 janv. 1879; Dieppe, 24 mars 1881; Mamers, 29 déc. 1884; Le Hâvre, 10 déc. 1885; Forcalquier, 24 nov. 1887; Rouen, 1er mai 1888; Montauban, 22 fév. 1889; Rép. Defrénois, 334, 727, 2612, 4117, 4684, 4737, 5723.

(14) Saint-Quentin, 19 août 1868; Andelys, 21 déc. 1869; Abbeville, 23 mars 1876; Pontoise, 23 mars 1876; Seine, 8 fév. 1878; Mantes, 26 avril 1879; Melun, 29 fév. 1884; Prades, 14 déc. 1887; Rép. Defrénois, 2456.

(15) Seine, 27 août 1874.

(16) Dél., 16 avril 1825, 26 juin 1827; inst., 1173-7, 1229-11; Bar-le-Duc, 4 mai 1843.

(17) Dél., 11 avril 1817.

(18) Cass., 18 nov. 1851.

(19) Dict. Réd., *Renonc.*, 328; Gray, 22 août 1851; Seine, 18 avril 1857; Tulle, 15 déc. 1852; Bonneville, 5 déc. 1874.

(20) Nancy, 26 fév. 1855.

jouissance d'un immeuble légué particulièrement à un tiers (1); celle de l'ascendant à l'usufruit du tiers des biens appartenant aux collatéraux (2).

111. Ibid.; admissible. — Mais la renonciation peut être scindée quand le legs comprend des parties distinctes, comme le legs de l'usufruit des immeubles et de la propriété des meubles (3); — ou le legs universel de l'usufruit, puisqu'il ne constitue qu'un legs particulier (4). — Il en est de même lorsque la renonciation a pour but d'opérer la réduction d'une libéralité qui excède la quotité disponible (5). — Dans ces divers cas, la renonciation n'est pas passible du droit de transcription (6).

112. Renonciation translative; prix. — On considère encore comme des renonciations translatives celles qui ont lieu, soit moyennant un prix au profit de tous les cohéritiers (7), soit même sans stipulation de prix au profit d'un seul d'entre eux (8). En conséquence, indépendamment du droit de mutation par décès, le droit de donation est exigible si la renonciation acceptée par les héritiers est gratuite, et celui de vente, d'échange, etc., si elle est consentie à titre onéreux (9).

113. Ibid.; cas divers. — La jurisprudence a rangé dans cette catégorie la renonciation par laquelle des collatéraux, institués légataires universels avant la naissance d'un fils du testateur, se désistent du bénéfice de la disposition, pour le cas où le fils se marierait et aurait des enfants, mais stipulent que le testament aura tout son effet en cas de prédécès du réservataire sans postérité (10); — la renonciation par le légataire à l'accroissement de son legs, en présence des enfants de son colégataire (11); — l'acte par lequel le légataire universel, déclarant ne vouloir retirer aucun profit personnel du legs, paye à chaque héritier sa portion *ab intestat* (12). — La renonciation par l'époux survivant à l'usufruit que lui a légué son conjoint quand il abandonne cette jouissance pour se dégager de l'obligation de garantie, dont il est tenu envers un des héritiers relativement au chiffre de la rente, constituée en dot à celui-ci par son contrat de mariage (13).

114. Ibid.; droit fixe. — Mais est seulement passible du droit fixe la renonciation consentie par une veuve à la communauté en faveur des héritiers du mari, à la condition

---

FORMULE 14. — Renonciation à donation entre époux et aux droits d'hérédité entre époux (No 105).

(Même comparution qu'en la formule précédente.)

Laquelle a, par ces présentes, déclaré renoncer purement et simplement :

1o A la donation universelle en usufruit que M. Duval a faite en sa faveur, aux termes de leur contrat de mariage passé devant Me....., notaire à....., le....., — *ou* : aux termes d'un acte de donation passé, en présence de témoins, devant Me....., notaire à....., le....., ainsi qu'à toutes donations et tous avantages de survie qui ont pu lui être faits par son mari;

2o Et au droit en usufruit qui lui est conféré par l'art. 767 du Code civil sur les biens dépendant de la succession de M. Duval.

Voulant que ces donations, avantages et droits d'hérédité soient considérés comme inexistants, de manière à ne conserver contre la succession de son mari que ses droits de créancière pour raison de ses reprises et indemnités.

---

(1) Bordeaux, 23 janv. 1849.
(2) Garnier, *Renonc.*, 136; dél., 4 nov. 1840.
(3) Garnier, *Renonc.*, 146; Dict. Réd., *Renonc.*, 320; Cass., 5 mai 1856, 8 juill. 1874; Langres, 4 déc. 1872; Valenciennes, 18 décembre 1879; Saint-Malo, 24 avril 1880; Rép. Defrénois, 126.
(4) Garnier, *Renonc.*, 153; Dict. Réd., *Renonc.*, 309; Cass., 8 juill. 1874; Hazebrouck, 30 août 1878; Tours, 28 juin 1879; Beauvais, 24 fév. 1880; Rép. Defrénois, 126.
(5) Garnier, *Renonc.*, 143; Dict. Réd., *Renonc.*, 295; dél., 28 décembre 1832, 18 octobre 1833; inst., 1451-5; Laval, 14 mai 1832. Voir Versailles, 10 déc. 1886; Rép. Defrénois, 4228.
(6) Seine, 19 déc. 1874.
(7) Garnier, *Renonc.*, 68; sol., 19 août 1830.
(8) Cass., 10 nov. 1847; Lyon, 27 mars 1858.
(9) Cass., 17 août 1815.
(10) Dél., 16 avril 1825; inst., 1173, § 7.
(11) Cass., 12 nov. 1822.
(12) Seine, 20 fév. 1858.
(13) Poitiers, 5 fév. 1889; Rép. Defrénois, 5329.

que ceux-ci lui payeront ses reprises (1), — ou qu'elle sera déchargée de toute contribution aux dettes (2).

115. Accroissement. — Quand la renonciation est pure et simple, *supra* n° 109, les biens se trouvent dévolus, à titre d'accroissement, à ses cohéritiers ou aux héritiers du degré subséquent ; cet accroissement ne donne ouverture à aucun droit de mutation par décès ; car les héritiers qui en profitent reçoivent alors les biens du défunt directement. Mais ils sont tenus d'acquitter dans le délai de six mois, à partir de la renonciation, les droits de mutation par décès, suivant leur degré de parenté, *supra* n° 75. Si le renonçant avait déjà acquitté le droit de mutation, la renonciation motive seulement la perception d'un supplément de droit, lorsque le tarif qui est applicable à l'héritier du degré subséquent est plus élevé.

SECTION VII. — De la liquidation des droits de mutation.

116. Droit du receveur. — Le receveur doit accepter la déclaration des parties telle qu'elle lui est présentée (3) ; mais il est seul maître de la liquidation des droits, et les redevables ne peuvent ni en refuser le payement sans s'exposer au demi-droit en sus (4), ni faire insérer des réserves contre la perception (5). Ils ont seulement la faculté de demander le remboursement des droits quand ils sont acquittés.

117. Réduction de libéralité. — Il n'est cependant pas permis au receveur de refuser de réduire une libéralité excessive quand telle est la volonté des parties (6), alors surtout que la réduction est constatée par un acte public (7). De même, si l'époux survivant légataire de la quotité disponible déclare opter pour l'usufruit de moitié, la perception doit être établie en conséquence, sauf à la régie à prouver la fraude (8).

118. Erreur. — S'il a été commis une erreur de fait par les héritiers, l'administration peut, ce dont elle est seule juge, ordonner le remboursement des droits perçus en trop (9), *infra* n° 394.

119. Base de la déclaration ; partage. — Le partage ayant un effet déclaratif de propriété doit servir de base à la déclaration lorsqu'il est fait avant elle, ou le même jour (10), aussi bien pour les valeurs de la communauté (11) que pour celles de la succes-

---

Elle déclare que, si besoin est, elle réitérera cette renonciation au greffe du tribunal civil de....., à toute demande des héritiers de son mari.

Dont acte. Fait et passé, etc.

Enregistrement. — Même droit qu'en la formule précédente.

FORMULE 15. — Succession. — Retour conventionnel (N° 133).

M. Langloy (Charles-Paul), célibataire, en son vivant employé, demeurant à....., est décédé en son domicile le....., laissant pour héritiers :

Pour un quart, à réserve, M. Langloy (Jean-Baptiste-Paul), propriétaire, demeurant à....., son père ;

Et pour les trois quarts de surplus, ses frère et sœur ci-après nommés :

1° Mme Langloy (Henriette), épouse de M. Colin (Ernest), avec lequel elle demeure à.....;

2° Et M. Langloy (Georges), étudiant en droit, demeurant à.....

Ainsi qu'il résulte d'un acte de notoriété reçu par Me....., notaire à....., le.....

---

(1) Garnier, *Renonc.*, 74 ; dél., 19 août 1830.

(2) Dél., 20 mai 1834, 24 juill. 1838.

(3) Garnier, *Suc.*, 1316 ; Dict. Réd., *Suc.*, 1052 ; Cass., 3 fév. 1869.

(4) Garnier, *Suc.*, 1316 ; Dict. Réd., *Suc.*, 2062 ; Saint-Brieuc, 25 août 1856.

(5) Garnier, *Suc.*, 1316 ; Dict. Réd., *Suc.*, 2062 ; inst., 1875-6 ; Cass., 21 août 1861 ; Bourg, 16 janv. 1872.

(6) Garnier, *Suc.*, 1317 ; Dict. Réd., *Suc.*, 2080 ; Cass., 10 juill. 1860.

(7) Sol., 27 juin 1872.

(8) Garnier, *Suc.*, 1317-3 ; dél., 28 déc. 1832 ; Laval, 14 mai 1832 ; Cass., 10 juill. 1860 ; inst., 1437-10, 2185-7.

(9) Bourgoin, 9 août 1890 ; Rép. Defrénois, 6350.

(10) Dict. Réd., *Suc.*, 2108 ; sol., 27 août 1873, 16 septembre 1875.

(11) Garnier, *Suc.*, 1326 ; Dict. Réd., *Suc.*, 2098 ; Cass., 16 juill. 1823 ; sol., 5 juill. 1826 ; Seine, 15 janv. 1866.

sion (1). Il importe peu que les meubles soient attribués à l'un et les immeubles à l'autre (2), ou même que l'un reçoive l'usufruit pendant que l'autre obtient la nue propriété (3). Dans tous ces cas, le droit n'est dû que sur les biens compris au lot du défunt.

120. Partage insuffisant. — Mais il faut pour cela, d'un côté, qu'il s'agisse d'un partage (4) sérieux, définitif (5), et ne dissimulant aucune convention translative (6), et de l'autre que le partage soit fait sans soulte, que la soulte soit d'une somme d'argent ou qu'elle résulte du fait que des biens situés à l'étranger ont été partagés inégalement (7). Dans ce cas, c'est la portion d'immeubles représentée par la soulte qui doit être déclarée, d'après une évaluation en revenu (8).

121. Licitation. — On doit assimiler la licitation au partage avec soulte, et si les biens étaient licités, ou faisaient l'objet d'une cession de droits successifs, avant le payement des droits de succession, il est certain qu'il ne faudrait pas en déclarer le prix au lieu de les déclarer eux-mêmes (9).

122. Partage postérieur à la déclaration. — Ce qui précède s'applique au partage antérieur au payement des droits, que le délai soit ou non expiré (10). Quand la déclaration est faite, son influence n'est plus la même. Il ne saurait motiver aucune demande en restitution, parce que les droits ont été régulièrement perçus dans le sens de l'art. 60 de la loi du 22 frim. an VII (11). — Mais la question de savoir si la régie peut réclamer un supplément de perception d'après les lotissements qu'il contient, est généralement tranchée dans le sens de l'affirmative (12).

123. Ibid.; nue propriété et usufruit. — Si, après le décès de l'un des époux communs, ses héritiers ont payé le droit sur la moitié des biens et qu'un partage postérieur attribue l'usufruit au survivant, ses héritiers sont tenus, dans un délai de six mois à partir du jour du partage, d'acquitter les droits sur l'autre moitié de la communauté (13). Un droit supplémentaire est également dû, lorsque les parties, dans un partage postérieur, ne tiennent pas compte des récompenses dues par la succession à la communauté (14).

SECTION VIII. — **Biens à déclarer.**

124. Travail liquidatif. — Il est nécessaire, pour percevoir les droits, de procéder

ACTIF DE SUCCESSION.

1° Mobilier détaillé et estimé en l'état ci-joint	2,280 70
2° Deniers comptants	800 »
3° Un titre de 1,800 fr. de rente sur l'Etat français, 3 p. 100, n° 91342 de la 3e série, représentant au cours de 96 fr. un capital de	57,600 »
4°.....; 5°....., etc.	»
Ensemble	125,486 50

(1) Garnier, *Suc.*, 1327; Dict. Réd., *Suc.*, 2099; Tours, 19 sept. 1849; Cass., 11 mars 1851; Saint-Amand, 15 juill. 1854; Seine, 19 janv. 1867.

(2) Garnier, *Suc.*, 1328; Boulogne, 13 avril 1839.

(3) Garnier, *Suc.*, 1329; Dict. Réd., *Suc.*, 2103; sol., 11 juin 1833; inst., 1437-8; Le Mans, 21 nov. 1843; Cass., 21 mai 1835, 4 janv. 1865; Seine, 9 fév. 1867, 7 juin 1878; Montpellier, 11 fév. 1875; Pont-Audemer, 21 août 1883; Rép. Defrénois, 1825.

(4) Voir Seine, 16 avril 1886; Rép. Defrénois, 4062.

(5) Garnier, *Suc.*, 1345; Dict. Réd., *Suc.*, 2134; Seine, 25 janv. 1868.

(6) Garnier, *Suc.*, 1341; Dict. Réd., *Suc.*, 2112; dél., 10 déc. 1830; Sarrebourg, 30 mars 1849; Corbeil, 23 janv. 1854; Amiens, 12 juin 1856; Embrun, 25 avril 1849; Seine, 16 mars 1842, 13 mars 1858, 26 mars 1862; Dijon, 15 fév. 1864; Cass., 10 fév. et 4 août 1869.

(7) Garnier, *Suc.*, 1336; Dict. Réd., *Suc.*, 2113, 2116; Cass., 10 fév. 1869, 21 juin 1875.

(8) Garnier, *Suc.*, 1336; Seine, 25 août 1841; sol., 23 mai 1845; inst., 1743-7, 1482-6; Saint-Amand, 15 juillet 1854.

(9) Garnier, *Suc.*, 1338; Dict. Réd., *Suc.*, 2137; Cass., 18 déc. 1839; inst., 1615-4; Seine, 6 janv. 1846, 13 juin 1874.

(10) Cass., 18 déc. 1839.

(11) Garnier, *Suc.*, 1346; Dict. Réd., *Suc.*, 2140; Cass., 1er déc. 1835.

(12) *Aff.* Dict. Réd., *Suc.*, 2141; Garnier, *Suc.*, 1347; sol., 21 janv. 1851, 18 janv. 1857, 17 août 1858, 24 août 1861; Seine, 4 juin 1850, 7 juin 1878, 2 mai 1879; Chartres, 15 avril 1864; Versailles, 6 avril 1880; Nogent-le-Retrou, 4 mars 1880; *Nég.*, dél., 8 janv. 1830; Meaux, 20 août 1829; Seine, 2 juill. 1856, 25 juill. 1863; Péronne, 13 janv. 1856; Cass., 20 nov. 1866.

(13) Garnier, *Suc.*, 1347; Dict. Réd., *Suc.*, 2155; Versailles, 6 avril 1880; Cass., 5 mars 1883, 19 juill. 1887; Rép. Defrénois, 335, 1562, 3753. CONTRA : Tours, 28 fév. 1840; Etampes, 18 août 1840; Nancy, 28 avril 1841; Cass., 2 août 1841, 20 nov. 1866; Pontoise, 26 mai 1842; Mantes, 15 déc. 1843; Seine, 12 déc. 1849, 2 mai 1879; Dieppe, 10 avril 1884; Rép. Defrénois, 3116.

(14) Pont-l'Evêque, 21 janv. 1886; Rép. Defrénois, 4086.

à une liquidation de la succession, et de la communauté ou société d'acquêts s'il en a existé une; cette opération nécessite la connaissance des règles sur la consistance de la communauté ou succession, les reprises, les rapports et la quotité disponible. Nous ne pouvons que renvoyer sur ces points aux explications contenues dans le présent ouvrage. Nous nous bornerons à examiner ici les principes qui régissent cette liquidation au point de vue du droit fiscal.

§ 1. *Succession.*

125. Biens. — Tous les biens, meubles et immeubles, qui composent le patrimoine du défunt sont assujettis aux droits de mutation par décès et doivent être compris dans la déclaration de succession.

126. Héritier bénéficiaire. — L'héritier bénéficiaire est véritablement propriétaire des biens qu'il recueille. Si donc il décède avant d'avoir rendu son compte, ses héritiers n'en sont pas moins tenus de payer les droits sur l'intégralité des valeurs non réalisées (1); alors même qu'ils ont aussi accepté sa succession sous bénéfice d'inventaire (2). Mais si l'actif est entièrement absorbé par le passif, l'action de la régie, pour le recouvrement du droit de mutation par décès, ne peut s'exercer, au préjudice des créanciers de la succession bénéficiaire, sur les biens qui la composent, ni par voie de privilège, ni par voie de concours (3).

127. Abandonnement; faillite. — La cession volontaire ou judiciaire ne dessaisissant pas le débiteur de la propriété de ses biens, il en résulte que le droit de mutation est exigible sur toutes les valeurs qui ne sont pas aliénées avant le décès (4) et sur les fruits et revenus dont les créanciers sont simplement détenteurs à la même époque (5). — Il en est de même à plus forte raison en cas de faillite (6), *supra* nº 43.

Report.		125,486 50
Mais il y a lieu de déduire de l'actif de la succession une somme de 60,000 fr., que M. DUFOUR (Emile-Joseph), propriétaire, demeurant à....., avait donnée à M. Charles LANGLOY, en se réservant le droit de retour pour le cas de prédécès du donataire sans postérité, suivant acte reçu par Me....., notaire à....., le....., ci		60,000 »
Reste.		65,486 50
Revenant à M. LANGLOY père, pour un quart, ci	16,371 62	
et aux frère et sœur, pour trois quarts, ci	49,114 88	

DROITS A PAYER.

I. M. LANGLOY père, sur 16,380 fr. à 1 p. 100	163 80
II. Mme COLIN et M. LANGLOY fils, sur 49,120 fr. à 6,50 p. 100.	3,192 80
Ensemble	3,356 60
Décimes.	839 15
Timbre	» 25
Total des droits à payer	4,196 »

FORMULE 16. — Succession dévolue à un frère. — Ascendant exerçant le retour légal (Nos 26, 133).

M. FABER (Jean-Eloi), en son vivant employé de banque, demeurant à....., veuf non remarié de Mme Elise MANIE, est décédé en son domicile le.....

(1) Garnier, *Suc.*, 834; Dict. Réd., *Suc.*, 1249; dél., 26 sept. 1832; Seine, 23 août 1850; Cass., 11 août 1869.

(2) Seine, 24 mai 1872.

(3) Grenoble, 8 fév. 1870.

(4) Garnier, *Aband.*, 6-2 et *Suc.*, 674; Dict. Réd., *Aband.*, 19; *Suc.*, 1337; Cass., 27 juin 1809; Grenoble, 31 août 1840.

(5) Garnier, *Suc.*, 676; Dict. Réd., *Suc.*, 1339; arg. Cass., 4 sept. 1819.

(6) Garnier, *Suc.*, 831; Dict. Réd., *Suc.*, 1355; Rouen, 5 mai 1847; Bourgoin, 14 août 1847; Reims, 11 fév. 1863; Seine, 19 août 1864.

128. Dépôt. — Mais la succession du défunt ne comprend pas les sommes qu'il a reçues en dépôt comme comptable, agent d'affaires (1), gagiste (2), ou simple particulier; pourvu que la preuve du dépôt soit fournie (3). Il en est autrement des sommes remises par des tiers à un banquier qui en sert l'intérêt (4).

129. Dettes non déduites. — L'impôt de mutation par décès se calcule sur l'actif brut de la succession sans distraction des dettes et des charges (Loi 22 frim. an VII, art. 14, 8°, art. 15, n° 8). On ne déduit donc, ni la contribution foncière (5), ni le prix encore dû des immeubles, lors même qu'il aurait été stipulé payable avec une créance de la succession (6); ni les rentes foncières (7), ni les sommes mises de côté par le défunt pour le payement de ses dettes (8); ni les déductions sur le loyer pour les constructions élevées par le locataire (9), ni les loyers touchés d'avance par le défunt (10), ni les primes d'assurances (11), ni les dépenses pour gage du régisseur et réception des métayers (12). Mais on déduirait les sommes que le fermier est autorisé à prendre sur les fermages pour drainage, chaulage ou changements dans la nature des biens (13).

130. Société; part sociale. — Il a été décidé que pour déterminer la part du défunt dans une société, il fallait défalquer le passif de l'actif et calculer sur le reliquat net (14); mais si la société est dissoute par le décès de l'un des associés, le droit de succession est dû sur les droits totaux du prédécédé, sans distraction du passif (15). Il n'y a lieu non plus à aucune déduction pour les indivisions ordinaires (16), même celles résultant d'une société dissoute qui se continue verbalement (17), ou d'une société de fait (18), ni même aux sociétés conjugales, *infra* n° 311.

131. Compte de tutelle. — La régie admet encore que, si le survivant de deux époux décède sans avoir rendu aucun compte à ses enfants, on doit distraire de sa succession les valeurs mobilières qu'il a conservées ou qu'il a reçues pour eux du chef de l'époux

---

Il a laissé pour unique héritier M. Faber (Honoré), son frère, marchand épicier, demeurant à.....

Et, en outre, comme successible à titre de retour légal, M. Chéron (Vincent-Jules), propriétaire, demeurant à....., son aïeul maternel, pour les biens dont celui-ci lui a fait donation aux termes d'un acte reçu par Me....., notaire à....., le.....

ACTIF DE LA SUCCESSION ORDINAIRE.

1° Les meubles décrits et estimés en l'état ci-joint.	1,812	»
2°.....; 3°.....; 4°....., etc.		»
Total	16,425	»

ACTIF FAISANT RETOUR.

1° 248 fr. de rente 3 p. 100 sur l'Etat français, en un certificat n° 48547 de la 3e série, représentant au cours du jour du décès, étant de 96 fr., une somme de	7,936	»
A reporter.	7,936	»

(1) Garnier, *Suc.*, 1247; Dict. Réd., *Suc.*. 1926; Rouen, 17 juill. 1855.

(2) Garnier, *Suc.*, 1248-1; Dict. Réd., *Suc.*, 1930.

(3) Garnier, *Suc* , 1248-1; Dict. Réd., *Suc.*, 1922. Voir Epinal, 24 avril 1849; sol., 1er juill. 1868; Hazebrouck, 13 fév. 1864.

(4) Garnier, *Suc.*, 1247-3; Dict. Réd., *Suc.*, 1929; Dreux, 28 mai 1851.

(5) Charleville, 10 fév. 1860; Saint-Amand, 3 fév. 1871.

(6) Garnier, *Suc.*, 1229; Dict. Réd., *Suc.*, 1873; Montpellier, 14 juin 1852.

(7) Garnier, *Suc.*, 1231; Dict. Réd., *Suc.*, 1877; Cass., 19 prair. an XI.

(8) Garnier, *Suc.*, 1232; Dict. Réd., *Suc.*, 1880; Rouen, 10 mars 1856; Chambéry, 13 mars 1877.

(9) Valence, 26 juin 1871.

(10) Sol., 20 nov. 1888; Rép. Defrénois, 2509-1, 5454. Voir aussi Sancerre, 21 déc. 1879; *Ibid.*, 132.

(11) Melun, 26 mai 1865; Saint-Amand, 3 fév. 1871; Dax, 12 juill. 1882; Rép. Defrénois, 1099.

(12) Dax, 12 juill. 1882; Rép. Defrénois, 1099.

(13) Trévoux, 11 avril 1867; Dax, 12 juill. 1882; *Ibid.*, 1099.

(14) Garnier, *Suc.*, 1236; Dict. Réd., *Suc.*, 1312; Cass., 3 mars 1829, 9 mai 1864.

(15) Garnier, *Suc.*, 1236; Dict. Réd., *Suc.*, 1312; inst., 2650-1; déc. min. fin., 8 déc. 1807, 19 fév. 1811, 3 oct. 1828; Seine, 9 juin 1882; Rép. Defrénois, 1675.

(16) Garnier, *Suc.*, 1236; Dict. Réd., *Suc.*, 1314; Seine, 2 juill. 1851. Contra : Seine, 19 fév. 1859; Tours, 14 mars 1852.

(17) Garnier, *Suc.*, 1236; Dict. Réd., *Suc.*, 1314; sol., 2 juin 1837; Rouen, 18 déc. 1877; Cass., 19 janv. 1881; Rép. Defrénois, 345.

(18) Garnier, *Suc.*, 1236-2; Dict. Réd., *Suc.*, 1314; Bernay, 11 déc. 1878.

défunt (1). Jugé que l'impôt de succession est dû seulement sur le reliquat actif constaté par le compte de gestion du tuteur, rendu même après le décès du pupille et non sur les sommes recouvrées par le tuteur, quand bien même il ne justifierait pas de leur emploi (2).

132. Succession; mineur. — Enfin quand il s'agit de la succession d'un mineur à qui il est échu une hérédité pendant la tutelle, comme l'administration en a passé à son tuteur, la régie admet que ses héritiers déclarent le montant des valeurs représentant l'actif, déduction faite du passif (3).

133. Retour conventionnel. — Le retour conventionnel, quand il s'opère au profit du donateur, produit l'effet d'une condition résolutoire; par suite, il ne donne ouverture à aucun droit de mutation par décès (4), alors même que le donateur au profit duquel le retour a lieu est l'héritier du donataire (5) [Form. 15]. Peu importe que, la donation étant d'une somme d'argent ou d'une valeur qui a été aliénée, le droit de retour est converti en une créance pure et simple sur la succession; cette somme doit être également déduite du patrimoine pour la perception du droit (6). Voir en ce qui concerne le retour légale, *supra* nos 26 à 29 [Form. 16].

134. Usufruit déduit. — Les héritiers peuvent également déduire de la succession de leur auteur les sommes dont il avait l'usufruit, cette déduction s'opère sur l'ensemble des biens héréditaires sans exception (7) [Form. 17].

135. Legs; reprises. — Il y a lieu également de déduire de l'actif héréditaire le montant des legs à titre particulier faits par le défunt, *infra* nos 263 et suiv. Voir aussi *infra* no 273 pour les sommes données entre vifs et non payées.

Report.		7,936 »
2° Une créance de 8,000 fr. sur M. Jean Besnard et Mme Julie Roger, son épouse, demeurant à....., résultant d'une obligation reçue par Me....., notaire à....., le....., ci		8,000 »
3° Prorata d'intérêt depuis le..... jusqu'au décès		218 »
Total		16,154 »

DROITS A PAYER.

Frère, sur 16,440 fr. à 6,50 p. 100		1,068 60
Double décime et demi		267 15
Total		1,335 75
Aïeul, sur 16,160 fr. à 1 p. 100	161 60	
Double décime et demi	40 40	202 10
Timbre de la quittance		» 25
Ensemble.		1,538 10

FORMULE 17. — Succession. — Usufruit déduit (No 134).

Mme Firmin (Ernestine), veuve de M. Grapin (Léopold), rentière, demeurant à....., est décédée en son domicile à....., le....., laissant pour héritiers ses fils et fille ci-après nommés :

1° Mme Grapin (Henriette), épouse de M. Retord (Léon), cultivateur, avec lequel elle demeure à.....;

---

(1) Dict. Réd., *Suc.*, 1907; dél., 17 déc. 1833.
(2) Dole, 7 juin 1888; Rép. Defrénois, 4902. Voir aussi Saint-Omer, 27 août 1863.
(3) Garnier, *Suc.*, 1237-2; sol., 22 oct. 1833, 12 juill. 1854; dél., 17 déc., 1833; Seine, 19 fév. 1859; Privas, 1er août 1870; Valence, 3 juin 1878; Rép. Defrénois, 1449-4.
(4) Garnier, *Retour*, 18; Dict. Réd., *Ibid.*, 122; dél. min. fin., 29 sept. 1807; dél., 25 juin 1822.
(5) Garnier, *Retour*, 19; Dict. Réd., *Ibid.*, 123.
(6) Garnier, *Retour*, 28; Dict. Réd., *Ibid.*, 175; Lodève, 20 mars 1872; Beaune, 10 juill. 1882; sol., 19 sept. 1883. Contra : sol., 6 oct. 1880, 5 fév. 1881; Rép. Defrénois, 343, 1188, 1732.
(7) Garnier, *Suc.*, 1253; Dict. Réd., *Suc.*, 1934; Cass., 6 déc. 1858; Die, 11 nov. 1869; Nevers, 22 janv. 1873; Lyon, 20 avril 1877; Blois, 24 août 1880; Seine, 5 août 1887; Rép. Defrénois, 730, 4639.

136. Jouissance légale. — La jouissance légale résultant de l'art. 384 C. civ. ne donne pas ouverture au droit de mutation par décès (1). Il en est autrement lorsque le père ou la mère ont droit à l'usufruit et les enfants à la nue propriété en vertu d'un testament; on ne saurait prétendre, dans ce cas, que l'usufruit légué se confondant avec la jouissance légale, ils ne doivent l'impôt que sur l'excédent (2). Ils ont la faculté cependant de renoncer au legs d'usufruit pour s'en tenir à la jouissance légale, mais cette renonciation ne serait pas accueillie après la délivrance du legs (3).

137. Substitution. — Le grevé de substitution doit payer le droit de mutation par décès sur la pleine propriété des biens à lui transmis, tout comme si la charge de restitution n'existait pas. Un second droit de même nature est exigible lorsque les appelés recueillent les biens au décès du grevé, mais le taux applicable se règle d'après le degré de parenté existant entre eux et le grevé de restitution (4).

I. Immeubles.

138. Evaluation. — La valeur de la propriété, de l'usufruit et de la jouissance des immeubles transmis par décès, est déterminée :

139. 1° Propriété. — Pour la transmission de la propriété, par l'évaluation qui est faite et portée à vingt fois le produit des biens ou le prix des baux courants pour les biens urbains [FORM. 18] et vingt-cinq fois pour les biens ruraux, *infra* n°s 148, 149 [FORM. 19], sans distraction des charges (Loi 22 frim. an VII, art. 15, n° 7; loi 21 juin 1875, art. 2).

140. 2° Usufruit. — Pour la transmission de l'usufruit seulement, par l'évaluation qui en est portée à dix fois le produit des biens ou le prix des baux courants pour les

---

2° Et M. GRAPIN (Georges), employé de commerce, demeurant à....., Ainsi que ces qualités sont constatées en l'inventaire dressé par Me....., notaire à....., le.....

ACTIF DE SUCCESSION.

1°.....; 2°.....; 3°....., etc.

Ensemble.	94,870
Sur laquelle somme Mme veuve GRAPIN, comme donataire de l'usufruit de moitié des biens composant la succession de son mari, avait droit en usufruit à 49,870 fr. 20. Les droits de mutation par décès ayant été acquittés sur cet usufruit lors du décès de M. FIRMIN, il y a lieu de déduire de l'actif de succession cette somme de 49,870 fr. 20, ci	49,870 20
Reste	44,999 80

DROITS A PAYER.

1 p. 100 sur 45,000 fr.	450 »
Double décime et demi	112 50
Timbre	» 25
Total	562 75

FORMULE 18. — Succession. — Immeubles urbains; nue propriété
(N°s 139 à 175).

M. MAGLOIRE (Isidore), en son vivant propriétaire, demeurant à....., est décédé en son domicile le....., laissant pour héritiers ses neveux et nièces ci-après nommés : 1°.....; 2°.....; 3°....., etc.

Ainsi qu'il est constaté en un acte de notoriété reçu par Me....., notaire à....., le.....

---

(1) Garnier, *Suc.*, 1058; Dict. Réd., *Suc.*, 1812; dél., 20 juin 1828.

(2) Garnier, *Suc.*, 1059; Dict. Réd., *Legs*, 250; dél., 13 avril 1830, 13 mai 1834; Cass., 15 juin 1842, 30 déc. 1850; inst., 1685-31, 1883-9.

(3) Garnier, *Suc.*, 1058-2; Dict. Réd., *Legs*, 258; Seine, 6 janv. 1844.

(4) Garnier, *Suc.*, 861; Dict. Réd., *Suc.*, 1035; Cass., 5 mars 1866.

biens urbains et douze fois et demi pour les biens ruraux, *infra* n°s 148, 149, aussi sans distraction des charges (Loi 22 frim. an VII, art. 15, n° 8; loi 21 juin 1875, art. 2).

141. Usufruit temporaire. — Néanmoins, lorsqu'il s'agit d'un usufruit temporaire, l'opération à faire pour obtenir le capital imposable est de multiplier le revenu par le nombre d'années que doit durer l'usufruit (1), sans que ce nombre puisse toutefois excéder dix ou douze et demi.

142. Usufruit successif. — Lorsqu'un usufruit ou une rente viagère ont été légués à deux personnes successivement, l'évaluation pour le droit à acquitter au décès du premier bénéficiaire se détermine eu égard à l'état et à la valeur des biens lors de ce décès, et ainsi de suite si la reversion a lieu en faveur de plusieurs (2). Mais la capitalisation du revenu des immeubles s'effectue suivant la loi en vigueur au jour du décès du testateur (3).

143. Réunion de l'usufruit à la nue propriété. — Il n'est rien dû pour la réunion de l'usufruit à la nue propriété, lorsque le droit d'enregistrement a été acquitté sur la valeur entière de la propriété (Loi 22 frim. an VII, art. 15, n° 7).

144. Nue propriété. — Dans le système de la loi fiscale, la nue propriété s'évalue comme la propriété entière, et le droit se perçoit sur les mêmes bases (4). — Mais quand l'impôt a été liquidé et payé sur la valeur totale des biens meubles ou immeubles (5), la mutation qui s'opère ultérieurement, pendant que l'usufruit est encore séparé de la nue propriété, ne donne plus ouverture qu'à la moitié du droit (6) [Form. 18].

145. Vente. — Usufruit réservé. — Si un propriétaire d'immeubles en cède l'usufruit et décède avant l'usufruitier, le droit est dû sur le capital entier, parce que, dans ce cas, l'impôt n'a pas encore été perçu sur la valeur entière (7).

146. Nue propriété de prix. — De même en cas de vente d'une nue propriété, moyennant un prix payable sans intérêts, après l'extinction de l'usufruit, si le vendeur vient à mourir avant l'usufruitier, ses héritiers doivent l'impôt de succession sur la totalité du prix (8). Dans le cas où l'usufruitier décéderait avant le vendeur, le montant du prix ne devrait pas être déduit de la succession de l'usufruitier (9).

147. Usufruitier recueillant la nue propriété. — Lorsque le droit a été payé sur la valeur entière, l'usufruitier qui recueille ensuite la nue propriété ne doit plus

ACTIF DE SUCCESSION.

1° Mobilier décrit et estimé en l'état ci-joint		5,680 »
2° Argent comptant		1,975 80
3° Prorata de loyers courus depuis le 1er avril dernier au jour du décès, de la maison de la rue de l'Arcade n° 10, ci-après désignée		3,430 »
4° Prorata de fermages depuis le....., de la ferme située à....., sur un fermage annuel de 2,400 francs, pour		560 »
5° Une maison située à Paris, rue....., d'un revenu suivant les baux ci-après :		
Boutique louée à M. Duclan, pharmacien, moyennant un loyer annuel de trois mille huit cents francs, suivant acte reçu par Me....., notaire à....., le....., ci. .	3,800 »	
A reporter.	3,800 »	11,665 80

(1) Garnier, *Suc.*, 1187; Dict. Réd., *Usuf.*, 323; Evreux, 18 août 1849.

(2) Garnier, *Suc.*, 1191; Dict. Réd., *Usuf.*, 628; Seine, 6 fév. 1855, 15 fév. 1856, 25 juill. 1874. Contra : Seine, 20 mars 1869.

(3) Dict. Réd., *Usuf.*, 629; sol., 14 déc. 1876, 3 sept. 1877, 26 fév. et 3 mai 1878, 1er sept. 1882; Rép. Defrénois, 1067.

(4) Garnier, *Suc.*, 1199; Dict. Réd., *Suc.*, 1833; Cass., 11 sept. et 18 déc. 1811; Seine, 13 juin 1874.

(5) Inst., 2025.

(6) Garnier, *Suc.*, 1200; Dict. Réd., *Suc.*, 1836; Cass., 2 avril 1845, 27 déc. 1847, 21 juin 1848; Pont-Audemer, 22 août 1845; Pithiviers, 23 août 1844; Etampes, 19 nov. 1844; Doullens, 6 déc. 1843; Corbeil, 24 août 1842; Seine, 15 juin 1842; Grasse, 24 nov. 1845; Rouen, 11 mai 1842; Boulogne, 11 fév. 1846; inst., 1816.

(7) Garnier, *Suc.*, 1202; Dict. Red., *Suc.*, 1842; Saumur, 30 juill. 1853; Mamers, 20 janv. 1851; Saint-Etienne, 19 août 1873; Valenciennes, 25 avril 1883; Rép. Defrénois, 1563.

(8) Garnier, *Suc.*, 1198; Dict, Réd., *Suc.*, 1860; Avranches, 5 août 1887; Rép. Defrénois, 4887. Voir Cass., 9 avril 1872.

(9) Laon, 5 mars 1891

l'impôt que sur cette nue propriété même sans y ajouter la valeur de l'usufruit (1). Le droit se liquide alors sur la moitié de la valeur (2).

148. Immeubles urbains. — La distinction entre les immeubles urbains et ruraux résulte uniquement de sa destination (3). Ainsi sont urbains tous les immeubles principalement affectés à l'habitation, ou à un usage soit industriel, soit commercial, comme par exemple : les maisons d'habitation des villes et des campagnes, même quand elles comprennent dans leurs dépendances des vergers, des jardins, un parc (4), les usines, les mines (5), les fabriques et généralement tous bâtiments affectés à un usage, soit industriel, soit commercial, même ceux élevés sur le terrain d'autrui et transmis par le constructeur (6) : en ce qui concerne les établissements industriels, alors qu'ils ont été loués pour un prix avec des herbages en dépendant, s'ils n'en sont pas l'accessoire; ils sont donc capitalisés par vingt et les herbages par vingt-cinq (7). Forme aussi un immeuble urbain, un terrain loué à l'Etat pour servir de champ de manœuvre, bien que le vendeur se soit réservé le droit de pâturage (8). Les actions immobilisées de la Banque de France sont aussi classées parmi les biens urbains.

149. Immeubles ruraux. — Il y a lieu de considérer, au contraire, comme étant ruraux les immeubles principalement affectés à la production des récoltes agricoles, à la production des fruits naturels ou artificiels, peu importe qu'ils soient à la campagne ou dans les villes (9). Il en est ainsi notamment : 1° des terres labourables; 2° des prairies; 3° des vignobles; 4° des bois; 5° des forêts; 6° des terrains vagues destinés à recevoir des constructions; 7° des corps de ferme et autres constructions quand ils sont destinés à l'exploitation d'une ferme ou de terres, vignes et prés, que cette exploitation ait lieu par le propriétaire lui-même ou par un fermier; 8° des enclos et des jardins quand ils sont séparés de la maison d'habitation; 9° des terrains à l'usage des maraîchers même quand une habitation en fait partie, si elle en est l'accessoire; 10° des terrains qui reçoivent des cultures industrielles, telles que les betteraves, les mûriers, les oliviers, le lin, le chanvre, etc.

150. Modes d'évaluation. — Il résulte des dispositions rapportées *supra* nos 139 et 140; qu'il y a deux modes d'évaluation pour les immeubles : la déclaration des parties et les baux courants.

151. Bail. — Mais les héritiers n'ont pas le choix entre ces deux modes; et s'il existe

Reports.	3,800 »	11,665 80
Autre boutique louée à M. Louvori, quincaillier, moyennant un loyer annuel de 2,400 fr.; suivant acte reçu par Me....., notaire à....., le....., ci.	2,400 »	
Au premier étage, un appartement loué à M. Arpin, suivant acte sous seing privé en date du....., pour.	4,000 »	
Au second, un appartement loué à Mme Duval, par acte sous seing privé en date du....., pour.	3,600 »	
Au troisième, un appartement loué à M. Dascon, suivant acte sous seing privé en date du...., pour.	2,400 »	
Au quatrième, un appartement loué verbalement à M. Marin.	2,000 »	
Au cinquième, locations verbales : A Mme Dumort, pour	1,200 »	
Et à M. Louvin, pour	800 »	
Total	20,200 »	
A reporter.		11,665 80

(1) Arg., L. 22 frim. an VII, art. 15, n° 8; Dict. Réd., *Suc.*, 1853; Del., 19 avril 1826; inst., 1200-17.
(2) Dict. Red., *Suc.*, 1853; sol., 10 avril 1872, 11 mai 1874, 23 juill. 1877, 23 mars 1880.
(3) Garnier, *Expert.*, 60; Dict. Réd., *Suc.*, 1749.
(4) Sol., 6 avril 1878.
(5) Sol., 21 fév. 1882.
(6) Lyon, 27 juill. 1876.
(7) Sol., 22 août 1878.
(8) Sol., 1er oct. 1878.
(9) Garnier, *Expert.*, 60-5; Alençon, 17 déc. 1877; Avignon, 4 avril 1878; Vitry-le-François, 6 fév. 1879; sol., 23 avril 1879.

un bail courant, il doit servir exclusivement de base au revenu (1), bien que le prix en soit exagéré (2), même par suite de la destination spéciale de l'immeuble (3), ou en raison d'une transaction (4). Il importe peu que le bail soit écrit par acte sous seing privé ou autrement (5); ou qu'il résulte d'une déclaration de location verbale (6); mais il faut qu'il ne soit pas simulé (7); qu'il comprenne tous les biens (8), et que le prix en soit payable en argent ou en denrées comprises dans les mercuriales (9). On ne pourrait pas, par exemple, invoquer un bail résilié ou expiré (10), non plus qu'un bail emphytéotique (11), ou un écrit qui ne contiendrait qu'une partie des conditions du bail (12). Si un bail a été fait à des prix différents pour les diverses périodes de sa durée, le revenu doit être évalué d'après le prix de la période en cours lors du décès et non sur le prix moyen de toutes les périodes (13). Lorsque le bail d'un moulin contient l'obligation pour le bailleur d'élever une construction, à la charge par le preneur de payer, en sus du loyer, à titre de location et d'amortissement, l'intérêt à dix pour cent pendant la durée du bail, le véritable revenu n'est pas représenté par ces charges (14). Si une usine et une mine ont été louées pour un prix unique, mais que la portion du prix applicable à chacune d'elles a été déterminée dans l'acte, ce bail sert de base avec cette répartition à la liquidation du droit de mutation par décès (15).

152. Bail postérieur au décès. — On ne saurait considérer comme étant courant au décès le bail consenti par les héritiers après l'ouverture de la succession, alors même que la jouissance remonterait à une époque antérieure au décès (16).

153. Expertise; échange. — Le bail courant n'est pas le seul moyen légal de suppléer à la déclaration des parties. Il est encore, selon l'art. 19 de la loi du 22 frim. an VII, d'autres actes qui peuvent faire connaître le véritable revenu. Tel est, par exemple, l'expertise contemporaine au décès et portant sur les mêmes immeubles, soit qu'elle ait lieu entre la régie et les héritiers (17), soit qu'il y ait été procédé entre les héritiers eux-mêmes (18), et quoique le rapport ne fût pas homologué (19). — Il en serait de même certainement d'un échange ou de tout autre acte dans lequel le revenu des immeubles, au moment du décès, serait déterminé par les héritiers (20).

Reports	11,665 80
Capital au denier 20	408,000 »
6° Et la nue propriété d'une maison, située à....., grevée de l'usufruit de M....., déclarée pour la pleine propriété à ce bureau, le..... Cette maison d'un revenu annuel, impôts compris, de 1000 fr., capitalisé pour la nue propriété par 10, soit. .	10,000 »
Ensemble	429,665 80

(1) Garnier, *Insuf.*, 37; Dict. Réd., *Suc.*, 1752; Cass., 9 déc. 1835, 6 déc. 1836, 3 mars 1840, 17 fév. 1842; inst., 1303-8, 1513-3, 1539-6, 1618-15, 1920-1; Seine, 26 mars et 20 avril 1866, 23 fév. 1867, Voir Cass., 30 janv. 1867; sol., 4 janv. 1867.

(2) Garnier, *Insuf.*, 6; Dict. Red., *Expert.*, 11; Langres, 25 avril 1829; Montpellier, 8 juin 1850; Avignon, 5 août 1850; Cass., 17 fév. 1852; Vienne, 23 nov. 1878. Voir Bourganeuf, 4 mars 1871.

(3) Garnier, *Insuf.*, 6; Marseille, 12 juill. 1878. Voir Montpellier, 23 avril 1888; Rép. Defrénois, 5668.

(4) Pont-l'Evêque, 11 mars 1890; Rép. Defrénois, 5799.

(5) Garnier, *Insuf.*, 11; Dict. Red., *Expert.*, 20; Cass., 9 déc. 1835; Inst., 1513-3.

(6) Garnier, *Insuf.*, 36; Dict. Red., *Expert.*, 65; Versailles, 4 déc. 1877; Montpellier, 25 fév. 1878; Limoges, 23 août 1879; Angers, 7 août 1880; Rennes, 13 déc. 1886; Nice, 19 déc. 1888; Seine, 25 oct. 1889; Rép. Defrénois, 99, 4226, 5407, 5915. Voir cep. Cass., 13 déc. 1882; *Ibid.*, 1300.

(7) Garnier, *Insuf.*, 14; Dict. Red., *Expert.*, 62; Cass., 1er et 9 déc. 1835; Inst., 1513; Vesoul, 21 juin 1876.

(8) Garnier, *Insuf.*, 21; Cass., 18 juill. 1821; inst., 1537-204; Gannat, 10 fév. 1877.

(9) Garnier, *Insuf.*, 24; Cass., 14 juin 1809.

(10) Garnier, *Insuf.*, 18 et 19; Dict. Red., *Expert.*, 28, 30; Cass., 3 juin 1810, 7 fév. 1821, 19 août 1829; Rouen, 17 déc. 1850; Seine, 13 avril 1842; Châteaudun, 11 août 1847; Lectoure, 22 août 1851. Voir Le Puy, 27 avril 1882; Bourgoin, 23 janv. 1885; Rép. Defrénois, 919, 3034.

(11) Garnire, *Insuf.*, 30; Dict. Red., *Expert.*, 15; Cass., 17 nov. 1852; Sol., 14 sept. 1882; Rép. Defrénois, 1252.

(12) Cass., 12 fév. 1835; inst., 1490, § 2.

(13) Garnier, *Insuf.*, 26-2; Le Hâvre, 17 avril 1886; Sol., 9 mars 1888; Rép. Defrénois, 4489. CONTRA : sol., 16 sept. 1814; Seine, 14 juill. 1853, 13 juill. 1861; Hâvre, 27 août 1868; Saint-Etienne, 19 août 1873; Moulins, 29 mars 1876.

(14) Oloron, 31 août 1877.

(15) Privas, 10 mai 1880; Cass., 24 janv. 1881; Rép. Defrénois, 100, 298.

(16) Garnier, *Insuf.*, 17; Montluçon, 27 juill. 1872.

(17) Cass., 18 janv. et 1er déc. 1835; Inst., 1513-4.

(18) Garnier, *Insuf.*, 38; Dict. Red., *Expert.*, 121; Seine, 21 août 1850; Lisieux, 16 nov. 1850; Cass., 26 fév. 1851; Hâvre, 14 janv. 1858; Inst, 1883-8; Mortain, 1er août 1884; Rép. Defrénois, 2285.

(19) Dict. Red., *Expert.*, 121; Melun, 23 juin 1843.

(20) Garnier, *Insuf.*, 39, 40; Dict. Red., *Expert.*, 122 à 125; Arg., Cass., 31 déc. 1823; Amiens, 17 janv. 1840; Seine, 30 août 1838; Cass., 13 mars 1842.

154. Bois et forêts. — Lorsque les bois sont affermés ou aménagés et que les baux ou les coupes ne contiennent aucune réserve, la connaissance du revenu est donnée par les baux; on l'obtient en cumulant les produits de toutes les coupes exploitées pendant une révolution d'aménagement et en divisant ce total par le nombre d'années de cette révolution (1). — Si les bois ne sont pas aménagés, on divise le prix de la coupe des bois exploités en une seule fois par le nombre d'années de croissance (2).

155. Arbres épars; réserves. — Quant aux réserves et aux arbres épars, il faut évaluer, non seulement le produit annuel de l'élagage ou de la glandée, mais encore la valeur de la croissance lorsqu'il s'agit d'arbres de futaie (3), à moins que la transmission soit de l'usufruit, l'usufruitier n'ayant pas de droit aux arbres de futaie épars (4). On doit aussi ajouter au revenu forestier la valeur du droit de chasse, s'il est affermé séparément (5). Si la forêt comprend une minière, il faut ajouter au revenu forestier le produit annuel de la minière d'après la durée probable de l'exploitation (6). — Les semis et plantations de bois sont assujettis aux droits de mutation par décès, l'article 226 du Code forestier qui les exempte de tout impôt pendant trente ans n'étant applicable qu'à la contribution foncière (7).

156. Expropriation. — En cas d'expropriation pour cause d'utilité publique, lorsque l'exproprié décède après le jugement, c'est l'indemnité, et non l'immeuble, qui doit être déclarée (8), alors même que la notification prescrite par l'article 15 de la loi du 3 mai 1841 n'aurait pas encore été faite (9).

157. Immeubles par destination. — Les immeubles par destination font partie intégrante du fonds auquel ils sont attachés, et on ne doit pas les évaluer séparément (10).

158. Immeuble improductif. — Les héritiers ne peuvent être dispensés de déclarer un immeuble, alors même qu'ils prétendent qu'il est improductif (11).

159. Folle enchère. — L'immeuble acquis par le défunt et revendu à sa folle enchère postérieurement au décès ne doit pas être compris dans sa succession, attendu qu'il n'en a jamais été propriétaire et que la folle enchère résout son droit *ab initio* (12). — Il n'en

---

DROITS A PAYER.

6 fr. 50 p. 100 sur 429,680 fr.		27,929 20
	Double décime et demi	6,982 30
	Timbre de quittance	» 25
	Montant des droits à payer	34,911 75

FORMULE 19. — Succession. — Immeubles ruraux (N° 149).

M. Magloire (Isidore), en son vivant, etc. *(comme en la formule précédente.)*

ACTIF DE SUCCESSION.

Une ferme située à....., dite *La Ribaudière,* comprenant corps de ferme, terres de labour, prairies, vigne et bois, d'une contenance de....., louée à M....., suivant acte reçu par Me....., notaire

---

(1) Garnier, *Suc.*, 1157; Dict. Red., *Expert.*, 99; Inst., 1229-2; Sol, 31 juill. 1827.

(2) Garnier, *Suc.*, 1158; Dict. Red., *Expert.*, 100; Cass., 24 mai 1843; Marennes, 25 fév. 1845.

(3) Garnier, *Suc.*, 1163; Dict. Red., *Expert.*, 105; Cass., 18 juin 1855, 29 juin 1864; Le Hâvre, 18 nov. 1886; Rép. Defrénois, 3589.

(4) Garnier, *Suc.*, 1160; Dict. Red., *Expert.*, 107; sol., 5 fév. 1868.

(5) Garnier, *Suc.*, 1161; Dict. Red., *Expert.*, 109; Cass., 7 avril 1868.

(6) Dict. Red., *Expert.*, 114; Briey, 15 août 1864.

(7) Cass., 7 juill. 1885; Rép. Defrénois, 3117.

(8) Garnier, *Suc.*, 833 bis; Dict. Red., *Suc.*, 1400; Marseille, 27 août 1863; sol., 29 avril 1869, 13 juill. 1878.

(9) Sol., 4 mai 1881; Rép. Defrénois, 538.

(10) Garnier, *Suc.*, 1117; Dict. Red., *Suc.*, 1797; Cass., 20 juill. 1812; D. M. F., 4 mai 1823; Del, 12 août 1828.

(11) Dict. Red., *Suc.*, 2380; St-Jean-de-Maurienne, 14 juin 1878.

(12) Garnier, *Suc.*, 833 ter; Dict. Red., *Suc.*, 1259; Cass., 15 mars et 28 août 1854; Seine, 18 mars 1836; Del, 21 juill. 1837.

serait autrement que si, dans l'intervalle écoulé entre le décès et la folle enchère, les héritiers avaient fait acte de propriété (1).

160. Surenchère. — Quant à la surenchère, elle ne suspend pas l'effet de la vente, et la seconde adjudication faite au profit d'un tiers est une condition résolutoire de la première. Il en résulte que si l'adjudicataire frappé de surenchère décède avant que l'adjudication ait été prononcée, les biens font partie de sa succession (2).

161. Constructions. — Les constructions existant sur un terrain sont présumées légalement faire partie de la succession du propriétaire du fonds (3), et doivent être déclarées avec ce terrain. Il en est de même des constructions édifiées par un fermier en vertu d'une clause de son bail, et sous la condition qu'elles appartiendraient au propriétaire à la fin de cette location. Le preneur n'ayant, dans cette hypothèse, qu'un droit de jouissance sur les bâtiments, s'il vient à décéder au cours du bail, ses héritiers ne doivent aucun impôt pour cette transmission de jouissance (4); ils auraient seulement à déclarer l'indemnité dont le maître du sol serait débiteur, si elle avait été stipulée dans le bail.

162. Ibid.; tiers; locataire. — Lorsqu'il est établi que les constructions appartiennent réellement à un tiers, fermier ou autre (5), elles sont, comme tous autres immeubles, assujetties au droit de mutation par décès lors de la mort du constructeur sur leur revenu capitalisé au denier 20 (6); et, s'il s'agit d'un locataire, par le nombre d'années restant à courir du bail, sans que le multiple puisse excéder vingt années (7).

163. Ibid.; usufruitier. — Si les constructions ont été élevées par un usufruitier, ses héritiers, à son décès, ne doivent déclarer que l'indemnité qui peut leur être due ou la valeur des matériaux quand les constructions doivent être démolies. Il ne serait dû aucun droit de mutation en cas de décès du nu-propriétaire pendant la durée de l'usufruit (8).

164. Mines. — L'acte de concession d'une mine crée une propriété nouvelle, soit qu'elle ait été accordée au propriétaire même de la surface, soit qu'elle ait été transmise à un tiers. Cette propriété doit être dans tous les cas comprise comme immeuble dans la déclaration de succession du concessionnaire (9).

165. Droit d'exploitation. — Le droit d'exploitation ne se confond pas avec la mine elle-même. Si une personne a obtenu du propriétaire de la mine le droit d'exploiter cette mine jusqu'à épuisement, ce droit mobilier doit figurer dans sa succession (10). — Si, au contraire, l'exploitation est limitée, elle ne constitue plus qu'une jouissance temporaire ou semblable à un bail et dispensée à ce titre de l'impôt des mutations par décès, *infra* n° 226.

166. Redevance. — Quant à la redevance à payer par les concessionnaires, elle forme un droit immobilier si elle se trouve dans la succession du propriétaire de la surface,

---

à....., le....., moyennant, outre la charge des impôts fonciers, un fermage annuel de deux mille quatre cent douze francs, ci . . . . 2,412 »

Impôts fonciers suivant avertissement de l'année . . . . 188 »

Ensemble . . . . 2,600 »

Capital au denier 25 . . . . 65,000 »

A reporter . . . . 65,000 »

---

(1) Garnier, *Suc.*, 833 ter; Dict. Réd., *Suc.*, 1259; Cass., 14 fév. 1825; Inst., 1166-9.

(2) Garnier, *Suc.*, 863; Dict. Réd., *Suc.*, 1262.

(3) Garnier, *Suc.*, 892; Dict. Réd., *Constr.*, 177. Voir Cass., 10 mars 1856.

(4) Garnier, *Suc.*, 898; Dict. Réd., *Constr.*, 151; Seine, 12 janv. 1848.

(5) Voir Cass., 22 avril 1840; Garnier, *Constr.*, 87 et suiv.

(6) Garnier, *Suc.*, 898; Dict. Réd., *Constr.*, 181; Seine, 13 fév. 1864, 26 juill. 1865, 26 août 1871; Cass., 24 nov. 1869.

(7) Seine, 26 août 1871.

(8) Garnier, *Constr.*, 96; Dict. Réd., *Constr.*, 194.

(9) Garnier, *Suc.*, 1032; Dict. Réd., *Suc.*, 1663. Voir Cass., 30 mai 1842.

(10) Garnier, *Suc.*, 1034. Voir comp.: Cass., 22 août 1842, 11 janv. 1843.

et un droit mobilier lorsqu'elle est devenue la propriété d'un tiers (1). Dans les deux cas, elle est sujette à l'impôt des successions sur un capital formé de vingt fois l'annuité.

167. Maître de forges. — Les dispositions précédentes ne s'appliquent pas au droit qui appartient aux maîtres de forges de recueillir le minerai sur la surface du terrain. Ce n'est là qu'une faculté légale ne constituant pas une propriété personnelle de nature à être déclarée (2). — Mais il est bien entendu que la redevance à payer par eux au maître du sol doit figurer dans la déclaration de succession de ce dernier.

168. Mutation secrète. — S'il est établi qu'un immeuble avait été acquis secrètement par le défunt, cet immeuble doit être compris dans la déclaration de sa succession (3).

169. Propriété apparente. — On doit aussi y faire figurer l'immeuble dont le défunt était propriétaire apparent comme l'ayant fait inscrire à son nom au rôle et en ayant acquitté l'impôt (4), lors même qu'un jugement postérieur au décès déclarerait que la propriété appartient à un tiers (5) ou que cette circonstance résulterait, soit d'une note du défunt (6), soit de la déclaration ultérieure des héritiers (7). La déclaration de mutation verbale d'immeubles qu'un tiers passe après le décès du propriétaire apparent n'évite pas l'acquit du droit de mutation par décès (8). Dans tous les cas, la production par la régie d'un acte formant titre de propriété au nom d'une personne depuis décédée suffit pour légitimer sa demande en réclamation de l'impôt de succession (9).

170. Prête-nom. — Par application de la règle que l'impôt de mutation est dû sur la propriété apparente, on doit comprendre dans la déclaration de succession l'immeuble acquis au nom du défunt, alors même qu'il n'était qu'un prête-nom et que l'acquisition avait été faite en réalité pour le compte d'un tiers (10); il importerait peu que l'acquéreur eût déclaré que cette acquisition était faite pour le compte d'un tiers, si cette déclaration n'a pas été acceptée par le véritable propriétaire. Jugé, en ce sens, que l'immeuble acquis par la supérieure d'un établissement religieux, avec déclaration unilatérale postérieure que l'acquisition est pour le compte de l'établissement, continue de résider sur la tête de l'acquéreur, et si elle décède avant l'acceptation par les bénéficiaires, ses héritiers sont tenus de le comprendre dans la déclaration de sa succession (11).

171. Déclaration de command. — Mais aucun droit de mutation n'est dû sur l'immeuble acquis avec faculté de déclarer command, alors même que la déclaration de command n'a été acceptée par le tiers que postérieurement au décès de l'acquéreur. Quand la déclaration de command est faite en faveur d'une personne décédée depuis l'adjudication, l'immeuble dépend de sa succession, si l'héritier accepte cette déclaration (12).

172. Porte fort. — L'immeuble acquis par une personne qui s'est portée fort pour un tiers, ne fait pas partie de la succession de ce dernier, s'il n'a pas accepté ou ratifié

Report.	65,000 »
Une pièce de terre en labour lieudit....., contenant....., commune de....., section B, nº 115 du plan cadastral, d'un revenu annuel, impôts compris, de 250 fr.	
Capital au denier 25.	6,250 »
Ensemble	71,250 »

(1) Garnier, *Suc.*, 1112; Dict. Réd., *Suc.*, 1664; Saint-Etienne, 30 août 1847; Cass., 15 janv. 1849.

(2) Garnier, *Suc.*, 1038.

(3) Garnier, *Suc.*, 839; Dict. Réd., *Suc.*, 1276; Cass., 18 nov. 1835, 9 avril 1866; Morlaix, 4 mars 1847; inst., 1209-13, 1513-5, 2349-1.

(4) Dict. Réd., *Suc.*, 1483; Saint-Girons, 21 déc. 1849; Dieppe, 17 mai 1888; Rép. Defrénois, 5585.

(5) Seine, 26 janv. 1842.

(6) Cass., 20 juill. 1855.

(7) Toul, 24 août 1848.

(8) Condom, 24 fév. 1881; Rép. Defrénois, 539.

(9) Puy, 12 août 1880; Rép. Defrénois, 341. Voir cep. Largentière, 24 juin 1886; *Ibid.*, 4358.

(10) Garnier, *Suc.*, 908-7; Dict. Réd., *Suc.*, 1465; Cass., 5 déc. 1871, 11 avril 1877.

(11) Dict. Réd., *Suc.*, 1474; Cass., 11 avril 1877; Lyon, 31 juill. 1883; Cass., 18 août 1884; Rép. Defrénois, 1799, 2478. CONTRA : déc. min. inst. publ., 29 sept. 1877.

(12) Garnier, *Suc.*, 826; Dict. Réd., *Suc.*, 1266.

l'acquisition; mais il devrait être déclaré dans la succession du porte fort (1). Ainsi, lorsqu'un frère majeur a acquis un immeuble tant pour lui que pour son frère mineur et qu'il décède avant la ratification de ce dernier, l'immeuble acquis fait entièrement partie de sa succession (2). La ratification résulterait du payement du prix par celui pour qui on s'est porté fort (3).

173. Mandataire. — La propriété qui a été acquise par un mandataire, même en vertu d'un mandat verbal, dépend de la succession du mandant (4). Si le mandataire, ignorant la mort du mandant, a vendu, postérieurement à son décès, un bien lui appartenant, ce bien n'en faisait pas moins partie de son patrimoine au moment de son décès et, à ce titre, doit être compris dans la déclaration de succession (5).

174. Promesse de vente. — La promesse unilatérale de vente n'ayant d'effet qu'autant qu'elle est acceptée par l'acquéreur, si cette acceptation n'a lieu que postérieurement au décès du vendeur, le bien qui a fait l'objet de la promesse de vente dépend de sa succession et doit être déclaré (6). Quant à la promesse synallagmatique de vente, elle produit les mêmes effets que la vente et transfert immédiatement la propriété.

175. Vente antérieure au décès; interdit. — Lorsque les enfants d'un interdit, administrateurs de ses biens, en ont vendu une partie sans autorisation pendant leur gestion, ils ne sont pas obligés de comprendre dans la déclaration de succession les biens aliénés, mais seulement la partie du prix des ventes dues par les acquéreurs à l'époque du décès (7).

176. Actions immobilisées. — Les actions immobilisées, telles que les actions immobilisées de la Banque de France, sont considérées comme des immeubles urbains, *supra* nº 148, l'impôt de mutation par décès est donc perçu sur un capital formé de vingt fois le revenu au jour du décès (8) [Form. 20].

177. Habitation. — Le droit d'habitation étant un droit immobilier qui participe de l'usufruit et forme un démembrement de la propriété; il a été décidé que le legs d'un droit d'habitation était assujetti aux droits de mutation par décès comme le legs d'usufruit (9).

DROITS A PAYER.

6 fr. 50 p. 100 sur 71,260 fr	4,631 90
Double décime et demi	1,157 98
Timbre de quittance	» 25
Montant des droits à payer	5,790 13

FORMULE 20. — Succession. — Actions immobilisées de la Banque de France
(Nº 176).

M. Norin (Jean-Louis), en son vivant, ancien notaire, demeurant à Nancy, rue.... nº....., veuf de Mme Victorine Larbt, non remarié, est décédé en son domicile, le....., laissant pour héritiers ses fils et filles ci-après nommés, issus de son mariage :

1º M. Norin (Georges), ingénieur, demeurant à.....;

2º Mme Norin (Henriette-Louise), épouse de M. Dumin (Léon), avocat, avec lequel elle demeure à.....;

3º Mlle Norin (Berthe), majeure, célibataire, demeurant à.....

Ainsi que ces qualités sont constatées en l'inventaire dressé après le décès de M. Norin, par Me....., notaire à....., le.....

---

(1) Dict. Réd., *Suc.*, 1268; sol., 25 juin 1875.
(2) Mirecourt, 22 fév. 1850.
(3) Cass., 15 mai 1822.
(4) Dict. Réd., *Suc.*, 1274; Baume-les-Dames, 25 mars 1869.
(5) Dict. Réd., *Suc.*, 1275; déc. min. fin., 10 août 1814.
(6) Garnier, *Suc.*, 870; Dict. Réd., *Suc.*, 1365; Le Mans, 21 avril 1859; Seine, 12 janvier 1867; sol., 17 juin 1874.
(7) Garnier, *Suc.*, 835; Dict. Réd., *Suc.*, 1376; sol., 16 juill. 1812; dél., 29 oct. 1812; inst., 977.
(8) Garnier, *Suc.*, 846; Dict. Réd., *Suc.*, 1789.
(9) Garnier, *Habit.*, 16; Dict. Réd., *Ibid.*, 7; dél., 8 août 1831.

II. Meubles.

178. Evaluation. — L'évaluation des biens meubles s'effectue de différentes manières, suivant leur nature spéciale. Toutefois, à défaut d'actes, titres ou pièces quelconques permettant de déterminer la valeur des biens meubles, c'est la déclaration estimative des parties qui doit être prise pour base de la perception de l'impôt (Loi 22 frim. an VII, art. 14, 8°).

179. Usufruit. — En matière mobilière, l'usufruit s'évalue à la moitié de la valeur entière de l'objet (Loi 22 frim. an VII, art. 14, 11°).

180. Nue propriété. — La nue propriété s'évalue comme la propriété entière et le droit est perçu de la même façon, *supra* n° 144. Toutefois, si le nu-propriétaire décède avant l'extinction de l'usufruit, le droit n'est dû par les héritiers du nu-propriétaire que sur la valeur seulement de la nue propriété, c'est-à-dire moitié de la propriété (1), alors même qu'il s'agit de valeurs exemptées de l'impôt antérieurement à la loi du 18 mai 1850 (2).

1° *Meubles corporels.*

181. Valeur. — La valeur de la propriété de biens meubles corporels est déterminée, pour la liquidation et le payement du droit de mutation par décès, conformément à l'art. 3 de la loi du 21 juin 1875 :

182. 1° Inventaire; partage. — Quand il a été fait, dans les deux ans du décès, un inventaire, ou, à défaut, un partage, une transaction, ou un autre acte entre les héritiers dans lequel le mobilier a été porté pour une valeur déterminée, l'inventaire ou autre acte détermine la valeur du mobilier, c'est sur le chiffre qui en forme le montant que se calcule le droit de mutation par décès. Cependant, quand des objets d'art ont été prisés dans un inventaire, et qu'ensuite les héritiers font procéder à une seconde estimation par un expert spécial, ils ont, par ce fait, déclaré et reconnu que les objets sont d'une valeur supérieure, et c'est la seconde estimation qui sert de base pour la déclaration (3).

183. 2° Vente. — Si le mobilier est vendu publiquement dans les deux années du

---

Il dépend de la succession de M. Norin :

Dix actions de la Banque de France, dont le siège est à Paris, rue de la Vrillière n° 1, inscrites livre F, f° 74 des actions immobilisées, au nom du défunt, suivant déclaration en date du....., produisant un revenu de 280 fr. par action, soit pour les dix actions . . . . 2,800 »

Capital au denier 20. . . . . 56,000 »

DROITS A PAYER.

1 p. 100 sur 56,000 fr. . . . . 560 »
Double décime et demi . . . . 140 »
Timbre de quittance . . . . » 25

Montant des droits à payer 700 25

FORMULE 21. — Succession. — Legs d'usufruit. — Meubles (Nos 181 à 198).

M. Fabre (Charles), en son vivant propriétaire, veuf, non remarié, de Mme Eugénie Boitel, demeurant à....., est décédé en son domicile le....., laissant pour héritiers ses frères et sœurs ci-après nommés :

1° M. Fabre (Emile), horloger, demeurant à.....;

2° M. Fabre (Robert), employé, demeurant à.....;

---

(1) Garnier, *Suc.*, 1210.

(2) Garnier, *Suc.*, 1211; Seine, 26 juill. 1853. Contra : Le Mans, 6 mai 1853.

(3) Dict. Réd., *Suc.*, 1701; Rouen, 20 juill. 1871; sol., 19 déc. 1874.

décès, c'est le montant du prix net de la vente, c'est-à-dire déduction faite des frais de vente quand ils sont supportés par les héritiers, qui sert de base pour la déclaration de succession, à l'exclusion de l'estimation faite dans un inventaire ou autre acte.

184. 3° Déclaration. — Enfin, à défaut d'inventaire ou autres actes et de vente publique de meubles, la liquidation du droit s'établit sur la déclaration estimative des parties, conformément à l'art. 14, n° 8, de la loi du 22 frimaire an VII [FORM. 21].

185. Insuffisance. — L'insuffisance dans l'estimation des biens déclarés est punie d'un droit en sus, si elle résulte d'un acte antérieur à la déclaration. Si, au contraire, l'acte est postérieur à cette déclaration, il n'est perçu qu'un droit simple sur la différence existant entre l'estimation des parties et l'évaluation contenue aux actes (Loi 21 juin 1875, art. 3).

186. Déclaration supérieure. — Mais si la valeur comprise dans la déclaration est supérieure aux évaluations contenues dans les actes, les droits, ayant été régulièrement perçus, ne sont pas restituables (Instr. 2157, § 3).

2° *Valeurs de bourse.*

187. Rentes sur l'Etat; actions; obligations. — C'est par le cours moyen de la Bourse de Paris (1) au jour du décès [ou par celle de la veille, s'il n'y pas eu bourse ce jour-là (2)], que se détermine le capital des rentes sur l'Etat, celui des actions ou obligations dans les sociétés françaises (3), et celui des actions des compagnies étrangères dépendant d'une succession régie par la loi française (loi 18 mai 1850), des obligations des mêmes sociétés (loi 13 mai 1863, art. 11), ou des créances, parts d'intérêts, obligations des villes, établissements publics, et généralement de toutes les valeurs mobilières étrangères, de quelque nature qu'elles soient (loi 23 août 1871, art. 3), *supra* n° 92 [FORM. 21]. S'il n'y a pas eu de négociations le jour du décès, le cours antérieur au décès doit être pris pour base (4). Lorsqu'une valeur est cotée seulement à une bourse de province, elle doit être évaluée d'après le cours de cette bourse (5).

188. Cours moyen officiel. — Il est publié, par les soins de l'administration, un

---

3° Mme FABRE (Henriette), épouse de M. MOREL (Louis), cultivateur, avec lequel elle demeure à.....

Aux termes de son testament reçu par Me....., notaire à....., le....., il a légué à Mme Honorine FABRE, sa grande-tante, veuve de Victor GERMAIN, demeurant à....., l'usufruit de l'universalité des biens meubles et immeubles composant sa succession.

Ces qualités résultent de l'inventaire dressé après le décès de M. FABRE par Me....., notaire à....., le.....

ACTIF DE SUCCESSION.

1° Mobilier inventorié, prisé à	4,846 »
2° Deniers comptants	1,411 65
3° 1,500 fr. de rente 3 p. 100 sur l'Etat, faisant l'objet d'un certificat n° 234927, série 3, et représentant au cours de 96 fr. une somme de	48,000 »
4° 25 fr. de rente 3 p. 100 en un titre au porteur n° 0043560, représentant au cours de 96 fr. une somme de	800 »
5° 20 obligations 3 p. 100 (1866), nos 5641 à 5660, de la compagnie de Paris-Lyon-Méditerranée, en un certificat n° 4437, représentant au cours de 441 fr. 62 un capital de	8,832 40
6° 10 obligations au porteur de ville de Paris (1871), nos 17571 à 17580, représentant au cours de 409 fr. une somme de	4,090 »
A reporter.	67,980 05

(1) Garnier, *Suc.*, 1092; Dict. Réd., *Suc.*, 1735; déc., 17 août 1816. CONTRA : Lyon, 19 juin 1863.

(2) Garnier, *Suc.*, 1090; Dict. Réd., *Suc.*, 1735; déc., 27 août 1816; inst., 747; sol., 5 mars 1875.

(3) Lyon, 29 août 1843; inst., 747. Voir sol., 12 janv. 1867.

(4) Marseille, 30 juill. 1885; Rép. Defrénois, 3013.

(5) Garnier, *Suc.*, 1093; sol., 27 nov. 1867.

bulletin mensuel indiquant le cours moyen de toutes les valeurs cotées à la Bourse de Paris; c'est ce cours moyen qui doit servir de base pour la perception de l'impôt (1).

189. Valeur non libérée. — Quand une valeur cotée à la Bourse n'est pas libérée, il faut déduire de son capital, déterminé par le cours moyen, le montant des versements non effectués (2).

190. Titres perdus. — Les titres au porteur perdus ou volés doivent être déclarés d'après le cours de la Bourse au jour de l'ordonnance du président, qui autorise les héritiers à toucher les dividendes et le capital lui-même en cas de remboursement. Le délai de six mois pour faire la déclaration de succession court à partir de ce jour (3).

191. Valeurs non cotées. — S'il s'agit de valeurs non côtées à la Bourse, c'est-à-dire n'ayant pas de fixation officielle, les parties doivent être admises à en déclarer la valeur, conformément à l'art. 14 de la loi du 22 frim. an VII (4), sauf aux tribunaux, en cas de désaccord avec l'administration, à en déterminer la valeur (5). L'insuffisance de l'évaluation peut être établie soit par des ventes contemporaines, par des relevés de transferts, par l'importance des dividendes annuels, et même par les évaluations fournies par la société pour le payement de l'impôt de transmission, ainsi que par les indications contenues dans les journaux financiers (6).

192. Valeurs en banque. — Mais, à l'égard des valeurs cotées en banque, le cours qu'ils ont en banque peut être pris pour base de leur évaluation (7).

193. Certificat de payement. — Un certificat de payement des droits de mutation par décès sur les titres de rente, les actions et obligations de société est délivré gratuitement (8) par le receveur, même en duplicata (9), sur la demande du déclarant; le certificat doit être produit à l'appui du transfert de rente sur l'Etat (loi 8 juill. 1852, art. 25), même lorsque la déclaration de succession est négative (10). Il est également exigé pour les transferts dans les compagnies de chemin de fer.

194. Valeurs nominatives. — Les valeurs nominatives, ainsi que les titres de créance au nom du défunt, doivent être compris dans la déclaration, sans que des tiers

Report.	67,980 05
7° 10 actions au porteur du chemin de fer du Nord, n°s 841 à 850, au capital libéré de 400 fr., représentant au cours de 1,350 fr. une somme de	13,500 »
8° 5 actions de la société anonyme des mines de....., comprises en un certificat, n° 2847, au capital libéré de 500 fr., représentant d'après leur valeur en banque au jour du décès, étant de 478 fr., une somme de	2,390 »
9° Une rente annuelle et perpétuelle de 300 fr. payable en un seul terme le....., au capital de six mille francs, due par M. Auguste Duhamel, cultivateur, demeurant à....., pour le prix de la vente qui lui a été faite par M. Léon Fabre, propriétaire, demeurant à....., suivant contrat reçu par Me....., notaire à....., le....., ci.	6,000 »
10° Cent vingt francs pour arrérages de cette rente, depuis le....., ci	120 »
11° Une rente annuelle et perpétuelle de 600 fr. payable en deux termes les....., due par M. Léopold Guilaud, propriétaire, demeurant à....., suivant titre nouvel reçu par Me...... notaire à....., le....., représentant au denier 20 un capital de	12,000 »
12° Deux cent quarante francs pour arrérages de cette rente, depuis le....., ci . .	240 »
A reporter.	102,230 05

(1) Inst., 2593.

(2) Garnier, *Suc.*, 1091; Dict. Réd., *Suc.*, 1739; sol., 18 déc. 1867, 20 mars 1872, 27 mai 1874, 28 oct. 1876.

(3) Versailles, 12 fév. 1886; Rép. Defrénois, 3931. Voir aussi Charolles, 18 mars 1881; *Ibid.*, 737.

(4) Garnier, *Suc.*, 1096; Dict. Red., *Suc.*, 1743; sol., 6 sept. 1850; Seine, 22 mars 1848.

(5) Versailles, 15 mars 1870; Lure, 9 janv. 1873; Seine, 28 avril 1875.

(6) Garnier, *Suc.*, 1097; Cass., 10 fév. 1864, 27 juin 1883; Reims, 29 déc. 1880; Boulogne, 21 juill. 1881; Nancy, 1er mars 1887; Belfort, 12 nov. 1890; Rép. Defrénois, 543, 1592, 4257, 6356.

(7) Dict. Red., *Suc.*, 1738; sol., 27 mai 1874, 21 juill. 1875.

(8) Garnier, *Certificat*, 127; inst., 1933, 1935.

(9) Sol., 2 avril 1876.

(10) Bezard, 2e édit., p. 102.

puissent être admis à établir au moyen de papiers domestiques qu'ils leur appartenaient en totalité ou pour partie (1); à moins, à l'égard des valeurs négociables, qu'il ne soit justifié de notes ayant le caractère d'un transfert (2). Ainsi une rente sur l'Etat inscrite au nom du défunt doit être déclarée quand le transfert au Trésor n'en a pas été fait antérieurement au décès, alors même qu'un acte sous seing privé en constaterait la cession (3).

195. Titres au porteur. — La règle est moins rigoureuse pour les titres au porteur ; décidé à ce sujet que s'il est démontré par des justifications sérieuses que le défunt était simple dépositaire de titres au porteur trouvés chez lui ou déposés en son nom dans une banque, il n'y a pas lieu de les soumettre à l'impôt de mutation par décès (4); mais qu'il ne suffirait pas d'allégation de copropriété de la personne demeurant avec lui, même corroborées par les énonciations de son testament (5).

3° *Rentes.*

196. Rentes. — Toutes les fois que la rente a été créée moyennant l'aliénation d'un capital, il faut établir le droit sur le capital constitué, aux termes de l'art. 14, n° 7, de la loi du 22 frim. an VII (6); si la rente a été créée sans expression de capital, le droit se liquide sur dix fois la rente viagère et vingt fois la rente perpétuelle [Form. 21] (7).

197. Rentes temporaires. — A l'égard des rentes temporaires, il a été décidé qu'il fallait les capitaliser par dix, ou par le nombre d'années s'il est inférieur à dix (8).

198. Rentes en nature. — Les rentes en nature s'évaluent d'après les mercuriales (loi 15 mai 1818, art. 15), ou, à leur défaut, d'après la déclaration estimative des parties (9).

Report.	102,230 05
13° Une créance de dix mille francs due par M. Louis Bourey, demeurant à....., en vertu d'une obligation reçue par Me....., notaire à....., le....., produisant 5 p. 100 d'intérêt payable le..... de chaque année, ci	10,000 »
14° Et huit cents francs pour intérêts courus depuis le....., ci	800 »
Ensemble	113,030 05
Dont moitié est de	56,515 02

DROITS A PAYER.

Héritiers, 6 fr. 50 p. 100 sur 113,040 fr..	7,347 60
Mme Germain, usufruitière, 7 p. 100 sur 56,520 fr.	3,956 40
Ensemble	11,304 »
Double décime et demi	2,826 »
Timbre de quittance.	» 25
Montant des droits à payer	14,130 25

FORMULE 22. — Succession. — Assurance sur la vie (N° 200).

M. Legrand (Victor), en son vivant propriétaire, demeurant à....., veuf non remarié de Mme Juliette Laurame, est décédé en son domicile, le....., laissant pour héritiers ses fils et fille ci-après nommés, issus de son mariage :

---

(1) Garnier, *Suc.*, 908-12; Dict. Red., *Suc.*, 1491; déc. min. fin., 24 nov. 1831, 4 nov. 1865; Seine, 28 mars 1849, 17 mars 1853, 20 et 30 nov. 1877, 29 déc. 1882; Bordeaux, 4 fév. 1854; Dinan, 5 fév. 1858, 8 avril 1862; Amiens, 18 mars 1868; Vienne, 5 déc. 1869; Rép. Dofrénois, 1394, 6164.

(2) Saint-Etienne, 31 déc. 1867.

(3) Garnier, *Suc.*, 908-12; Dict. Red., *Suc.*, 1523; Cass., 3 juill. 1872; sol., 6 mars 1879, 26 avril 1881.

(4) Dict. Red., *Suc.*, 1540; Seine, 1er août 1868; Marseille, 11 avril 1879. Voir aussi Paris, 14 janv. 1868.

(5) Autun, 15 juill. 1873.

(6) Garnier, *Suc.*, 1103; Dict. Red., *Suc.*, 1718; Cass., 28 mess. an XIII, 4 mai 1807; sol., 11 fév. 1875.

(7) Garnier, *Suc.*, 1104; Dict. Red., *Suc.*, 1719; Seine, 13 avril 1842, 10 fév. 1866. Voir Brioude, 31 août 1883; Pont-l'Evêque, 6 août 1885; Rép. Defrénois, 2479, 3289.

(8) Garnier, *Suc.*, 1109; Dict. Red., *Suc.*, 1721; sol., 16 avril 1823.

(9) Garnier, *Suc.*, 1108; Dict. Red., *Suc.*, 1722.

4° Assurance sur la vie.

199. Principe. — Sont considérés, pour la perception du droit de mutation par décès, comme faisant partie de la succession d'un assuré, sous la réserve des droits de communauté, s'il en existe une, *infra* nos 313 et suiv., les sommes, rentes ou émoluments quelconques dus par l'assureur, à raison du décès de l'assuré. Les bénéficiaires à titre gratuit de ces sommes, rentes ou émoluments, sont soumis au droit de mutation, suivant la nature de leurs titres et leurs relations avec le défunt, conformément au droit commun (Loi 21 juin 1875, art. 6). — Il suffit que la succession se soit ouverte depuis la promulgation de la loi, sans qu'il y ait à considérer si la date du contrat d'assurance est antérieure ou postérieure (1).

200. Assurance en cas de décès. — Le droit de mutation à raison de l'émolument procuré par l'assurance, est liquidé sur la somme nette (2) à toucher s'il s'agit d'un capital sans déduction des primes payées par le bénéficiaire lorsqu'il en a personnellement acquitté (3), ou sur les arrérages annuels multipliés par 10, s'il s'agit d'une rente viagère, mais sauf réduction, si le montant de la libéralité excède la quotité disponible. Il est calculé, conformément au droit commun, au taux déterminé par le degré de parenté du bénéficiaire (4), ou comme étranger s'il n'est pas parent (5) [FORM. 22]. Lorsque l'assurance est contractée au profit de bénéficiaires incertains et indéterminés, elle doit être comprise dans l'actif de succession comme toutes les valeurs successorales (6).

201. Assurance mixte. — Si l'assurance a été souscrite pour une somme payable à une date fixe, soit au souscripteur, s'il est vivant à cette époque, soit à ses héritiers, à son défaut, moyennant une prime annuelle, dont le versement cessera à son décès, il y a lieu,

---

1° M. LEGRAND (Jules), imprimeur, demeurant à.....;
2° M. LEGRAND (Paul), étudiant en médecine, demeurant à.....;
3° Mlle LEGRAND (Henriette), sans profession, demeurant à.....,
Ainsi qu'il résulte d'un acte de notoriété reçu par Me....., notaire à...,., le.....,

Suivant police en date du....., M. LEGRAND a contracté à la Compagnie *La Providence*, dont le siège est à Paris, rue....., une assurance sur sa vie de 20,000 fr., payable à son décès à Mlle Victorine BOULARD, sa nièce, institutrice, demeurant à.....

ACTIF DE SUCCESSION.

1° Mobilier décrit et estimé en l'état ci-joint.	2,820 »
2° Deniers comptants	800 »
3°....., etc.	
4°....., etc.	
5° 20,000 fr., montant d'une assurance sur la vie, contractée par M. LEGRAND au profit de ses héritiers ou ayants droit à la Compagnie *La Providence*, dont le siège est à Paris, rue....., suivant police en date du....., ci	20,000 »
Total	45,860 80
Il faut en outre considérer, comme dépendant de la succession, l'assurance de 20,000 fr., contractée au profit de Mlle BOULARD, ci.	20,000 »
Ensemble.	65,860 80
Dont le quart formant la quotité disponible est de.	16,465 20
Par suite, Mlle BOULARD n'a droit, sur le montant de l'assurance, qu'à	16,465 20
Les droits des héritiers sont de	49,395 60
Total égal à l'actif de succession	65,860 80

---

(1) Garnier, *Suc.*, 713 ter; Annecy, 3 avril 1879.
(2) Voir Garnier, *Suc.*, 712-1; sol., 13 mars 1879.
(3) Ch. Defrénois, *Assur. sur la vie*, 718; Sol., 19 août 1878.
(4) Lannion, 19 avril 1887; Rép. Defrénois, 4662.
(5) Seine, 29 mars 1878; Marseille, 19 juill. 1878.
(6) Ch. Defrénois, *Assur. sur la vie*, 709.

quand le décès du souscripteur survient avant l'exigibilité du capital assuré, de considérer ce capital comme une créance et de payer l'impôt de succession sur la totalité de l'assurance (1).

202. Assurance sur la tête d'un tiers. — Lorsqu'une assurance a été contractée par une personne pour une somme payable au décès d'un tiers, le décès de ce tiers ne rend exigible aucun droit de mutation (2), mais, en cas de prédécès du souscripteur, ce droit est dû sur la valeur de l'assurance au jour de son décès (3).

203. Cession à titre onéreux. — Lorsqu'un assuré s'est dessaisi pendant sa vie, au moyen d'une cession à titre onéreux, de l'émolument éventuel de l'assurance, cet émolument n'est pas passible, lors de son décès, du droit de mutation (4).

5° *Créances.*

204. Confusion; compensation. — On doit comprendre dans la déclaration toutes les créances en principal, intérêts et accessoires dues au défunt, même celles qui s'éteignent par confusion en la personne des héritiers (5), ou dont la compensation a été fixée après le décès (6).

205. Dommages-intérêts. — Est une créance assujettie au droit de succession, la somme due pour dommages-intérêts alloués à l'un des époux personnellement (7), ou pour un dommage résultant de faits de guerre (8); — ainsi que la somme déposée chez un notaire pour recevoir un emploi déterminé, tant que cet emploi n'a pas été effectué (9).

206. Rente perpétuelle. — On considère aussi comme une créance assujettie au droit de succession, la rente perpétuelle que le défunt a imposée à un donataire comme

---

DROITS A PAYER.

I. Héritiers, 1 p. 100 sur 49,400 fr.	494 »
II. Mlle BOULARD, 6,50 p. 100 sur 16,480 fr.	1,071 20
Ensemble.	1,565 20
Double décime et demi.	391 30
Timbre de quittance	» 25
Total des droits à payer	1,956 75

FORMULE 23. — Succession. — Créances (Nos 204 à 214).

(Mêmes qualités qu'en la formule précédente.)

ACTIF DE SUCCESSION.

1° Mobilier décrit et estimé en l'état ci-joint.		2,480 70
2° Deniers comptants		880 »
3° Créance hypothécaire de 12,000 fr. sur M. Christophe BELAY, horloger, et Mme Octavie LENOIR, son épouse, demeurant à....., suivant acte reçu par Me....., notaire à....., le....., ci	12,000 »	
Plus 160 fr. pour prorata d'intérêt couru depuis le..... jusqu'au jour du décès, ci	160 »	12,160 »
A reporter.		15,520 70

(1) Ch. Defrénois, *Assur. sur la vie*, 734, 735.
(2) Ch. Defrénois, *Ibid.*, 719; sol., 19 fév. et 8 août 1883; Rép. Defrénois, 1529, 1962.
(3) Ch. Defrénois, *Ibid.*, 721.
(4) Garnier, *Suc.*, 740; inst., 2517.
(5) Garnier, *Suc.*, 907; Dict. Réd., *Suc.*, 1588; Pamiers, 30 déc. 1856; Chartres, 25 mars 1859; Nérac, 14 août 1868; Valenciennes, 14 fév. 1877; Cognac, 10 mai 1886; Autun, 1er août 1888; Périgueux, 22 juill. 1891; Rép. Defrénois, 4087, 4976, 6354.
(6) Garnier, *Suc.*, 908; Dict. Réd., *Suc.*, 1343; Cass., 20 janv. 1858; Gap, 18 déc. 1885; Semur, 21 juill. 1886; Seine, 8 mars 1889; Vienne, 5 déc. 1889; Rép. Defrénois, 3870, 4194, 5754, 6163.
(7) Seine, 8 août 1868.
(8) Sol., 10 mars 1875; Seine, 25 janv. 1878.
(9) Seine, 17 août 1872.

charge de sa donation avec réserve d'en disposer, quand le donateur est mort sans en avoir disposé, alors même qu'il a institué le donataire pour son légataire universel (1).

207. Rente viagère; dot. — La rente viagère constituée en dot à un époux par son contrat de mariage ne s'éteint pas au décès de cet époux, mais se continue au profit des enfants nés du mariage, et forme par conséquent un actif de la succession du donataire, passible du droit de mutation par décès (2).

208. Délégation. — La délégation non acceptée par le créancier ne dessaisit pas le débiteur de la propriété de la créance, et s'il décède en cet état, la créance est sujette à l'impôt, sans tenir aucun compte de l'acceptation intervenue postérieurement au décès du déléguant (3); c'est ce qui a été décidé notamment en matière de délégation de prix de vente faite aux créanciers inscrits (4) ou aux créanciers chirographaires, alors même que quelques-uns ont accepté la délégation (5). Mais l'acceptation peut s'induire de divers faits, tels que : la réception de la créance par le délégataire (6), la production à un ordre (7), l'énonciation dans une lettre missive (8), et même, suivant un tribunal, le silence prolongé du créancier pendant les formalités de purge (9). — On ne considère pas comme une délégation parfaite la cession en payement d'une créance dont le déléguant doit poursuivre lui-même le payement afin de se libérer envers son créancier (10).

209. Saisie-arrêt. — Les créances frappées d'une saisie-arrêt doivent être déclarées, quand la saisie n'a pas été validée avant le décès, car le défunt en était toujours propriétaire (11). Il en est autrement si la saisie a été validée avant le décès par un jugement définitif (12).

210. Ordre. — Même dans le cas où le prix de la vente d'un immeuble est entièrement

Report.		15,520 70
4° Reconnaissance souscrite le....., par M. Germain Dinard, d'une somme de 10,000 fr., ci	10,000 »	
Plus 250 fr. pour le prorata d'intérêts depuis le....., ci.	250 »	10,250 »
5° Billet à ordre de 6,000 fr., souscrit par M. Georges Danel, ci		6,000 »
6° Créance de 8,000 fr., due par M. Gustave Vinel, épicier, demeurant à....., en état de faillite à l'époque du décès.		
Aucun dividende n'ayant encore été touché, les droits dus sur cette créance sont, y compris les décimes, de 100 fr.		
Cette somme n'est portée ici que pour mémoire. ..		Mémoire.
7° 9,600 fr., restant dus sur une créance de 12,000 fr. sur M. Léopold Lejeune, marchand de vins, demeurant à....., en état de liquidation judiciaire, un premier dividende de 20 p. 100 ayant été touché antérieurement au décès.		
Les droits de mutation dus sur cette somme s'élèvent à 120 fr., y compris les décimes. Cette somme n'est portée ici que pour mémoire.		Mémoire.
Les héritiers se sont engagés, par la déclaration ci-jointe, à acquitter les droits dus sur les créances Vinel et Lejeune, au fur et à mesure de la distribution des dividendes.		
A reporter.		31,770 70

(1) Niort, 24 fév. 1873.

(2) Sol., 27 juill. 1870.

(3) Garnier, *Suc.*, 915; Dict. Réd., *Déleg.*, 378 ; Brives, 4 juin 1851; Cass., 17 fév. 1857; inst., 2096-7; Pontarlier, 1er mars 1856; Amiens, 30 mars 1855; Nontron, 21 déc. 1850; Marseille, 25 juill. 1867; Troyes, 13 nov. 1872 ; Mortagne, 11 mars 1878; Vire, 16 juill. 1881; Vannes, 5 mai 1887; Rép. Defrénois, 736, 4231. Contra : Orange, 27 août 1856; Lille, 21 fév. 1862.

(4) Dict. Réd., *Suc.*, 380; Blois, 31 août 1853; Amiens, 9 fév. 1854; Carpentras, 12 août 1886; Cass., 8 fév. 1888; Toulouse, 21 mars 1889; Rép. Defrénois, 3476, 4195, 5617. Voir cep. Barbezieux, 3 août 1886; *Ibid.*, 4439.

(5) Garnier, *Suc.*, 915-4; Dict. Réd., *Délég.*, 390; Troyes, 13 nov. 1872.

(6) Garnier, *Suc.*, 915-3; Cass., 17 fév. 1857, 7 mars 1865.

(7) Cass., 7 mars 1865.

(8) Pontarlier, 1er mars 1856. Voir cependant Dictionn. Réd., *Délég.*, 369; Seine, 17 juill. 1869; Cass., 19 juillet 1870.

(9) Dict. Réd., *Délég.*, 381; Vigan, 5 déc. 1833; dél., 16 juin 1834.

(10) Cass., 14 juill., 1869.

(11) Garnier, *Suc.*, 918-1; Dict. Réd., *Suc.*, 1403; Cass., 26 fév. 1834, 9 janv. 1838, 14 juill. 1869; Paris, 30 mars 1835, 7 fév. 1837, 18 mars 1839, 26 juill. 1843.

(12) Garnier, *Suc.*, 918-2; Cass., 20 mai 1839, 30 janv. 1842, 8 juin 1852, 15 avril 1856.

absorbé par les hypothèques, cette circonstance ne fait pas que la créance du prix ne soit dans le patrimoine du vendeur. Le règlement provisoire de l'ordre ne changerait pas cette situation (1). Mais comme le règlement définitif confère aux créanciers un titre direct contre l'acheteur, il faut décider qu'à partir de ce moment la créance cesse d'appartenir au vendeur (2).

211. Preuve. — La preuve de l'existence de la créance résulte en première ligne de la représentation du titre constitutif, sans que les héritiers puissent alléguer que le défunt était le prête-nom d'un tiers (3), *supra* n° 194. — Elle résulte encore de l'aveu des héritiers consigné dans un inventaire (4), une déclaration de succession (5), un interrogatoire judiciaire (6), un avis de parents (7), ou bien de la reconnaissance émanée du débiteur dans un acte authentique postérieur au décès (8).

212. Remboursement anticipé. — Lorsque le terme de remboursement d'une créance est postérieur au décès, il semble, quoique la question soit controversée, que c'est aux héritiers à établir, par des titres ou des papiers domestiques ou autres faits (9), que la somme a été payée, avant cette époque, du vivant du défunt (10); il ne suffirait pas de représenter une quittance, si les circonstances démontraient qu'elle est simulée (11).

213. Sommes touchées. — Si le défunt a reçu le remboursement de créances ou de prix de vente peu de jours avant son décès, on doit considérer, sauf justification contraire (12), que les deniers en provenant sont dans la succession; et le droit de mutation est exigible (13).

214. Evaluation. — En principe, les créances doivent être déclarées pour leur valeur nominale (Loi 22 frim. an VII, art. 14, n° 2) [Form. 23]. L'administration a apporté néanmoins certains tempéraments à la règle. Ainsi la créance sur un failli doit l'impôt sur

---

Report.	31,770 70
8° Créance de 800 fr. sur M. Vincent Lanel.	
M. Lanel ayant disparu depuis plus de dix années, les héritiers considèrent cette créance comme irrécouvrable. En conséquence, ils déclarent renoncer purement et simplement à cette créance.	
9° Créances diverses *(les énumérer)*, total	4,825 40
Ensemble	36,596 10

DROITS A PAYER.

1 p. 100 sur 36,600 fr.	366 »
Double décime et demi	91 50
Timbre de quittance	» 25
Total	457 75

---

(1) Garnier, *Suc.*, 1444; Dict. Réd., *Suc.*, 1391; Seine, 14 juin 1854; Cass., 15 juill. 1856; Aubusson, 25 août 1858; Inst., 2096-6.

(2) Garnier, *Suc.*, 1444; Dict. Réd., *Suc.*, 1392; Redon, 28 avril 1833; Del., 14 juin 1853; Seine, 10 fév. 1866. Contra : Del., 5 fév. 1836; Inst., 1528-1.

(3) Garnier, *Suc.*, 908-1; Dict. Réd., *Suc.*, 1492; Seine, 17 mars 1853; Dinan, 5 fév. 1858; déc. min. fin., 4 nov. 1865; sol., 16 nov. 1865; Amiens, 18 mars 1868.

(4) Seine, 16 fév. 1856.

(5) Dict. Réd., *Suc.*, 2430; Bar-le-Duc, 15 avril 1863; Cognac, 12 janv. 1864.

(6) Cass., 27 mai 1868.

(7) Marvejols, 21 juill. 1868.

(8) Grenoble, 27 déc. 1847; Cass., 16 nov. 1870; Laval, 14 déc. 1874. Contra : Moissac, 11 août 1863.

(9) Garnier, *Successions*, 1539; Dict. Réd., *Successions*, 2444; Châlon-sur-Saône, 21 janvier 1860; Béziers, 9 janvier 1861; Moissac, 11 août 1863; Boulogne, 13 décembre 1867.

(10) Garnier, *Suc.*, 1539; Dict. Red., *Suc.*, 2446; Colmar, 6 mai 1851; Rethel, 27 août 1852; Reims, 28 déc. 1858; Ploërmel, 29 juin 1855; Colmar, 23 août 1855; Angoulême, 28 déc. 1855; Ste-Ménehould, 29 avril 1856; Mortain, 6 juill. 1856; Prades, 19 nov. 1856; Bar-sur-Aube, 12 fév. 1857; Remiremont, 9 avril 1857; Châlon-sur-Saône, 21 janv. 1860; Béziers, 9 janv. 1861; Moissac, 11 août 1863; Cass., 30 mars 1870; Grasse, 29 juill. 1874. Contra : Lannion, 13 mars 1855; Cognac, 25 août 1856; Verdun, 26 août 1856; Briey, 19 août 1857; Mirecourt, 9 déc. 1864; Boulogne, 13 déc. 1867.

(11) Gourdon, 1er juin 1876. Voir Châlon-sur-Saône, 21 janv. 1860.

(12) Figeac, 1er mars 1878.

(13) Garnier, *Suc.*, 1541; Dict. Red., *Suc.*, 2453; Neufchâtel, 17 janv. 1877; Dinan, 20 juill. 1877; Louvain, 23 nov. 1877; Bruxelles, 20 janv. 1879.

sa valeur réelle, telle qu'elle est fixée par les dividendes (1); mais il y a lieu à un supplément de déclaration au fur et à mesure de la distribution d'autres dividendes, et l'administration exige qu'un engagement sur ce point soit formulé séparément [FORM. 24] et rappelé dans la déclaration de succession. Si la déclaration est passée par un mandataire, un pouvoir spécial est nécessaire (2). — Quant aux créances dépendant d'une simple déconfiture, l'impôt est dû sur leur valeur nominale, parce que l'impossibilité de recouvrement est moins certaine; toutefois, si la réduction de la créance est établie, il n'y a pas de raison pour la traiter autrement que celle due par un failli (3).

215. Créances irrécouvrables. — Dans le même sens, il a été décidé que les héritiers peuvent être dispensés de payer le droit pour des créances devenues caduques par la prescription ou l'insolvabilité des débiteurs, pourvu qu'ils y renoncent expressément dans la déclaration (4). Cette disposition s'applique aux héritiers bénéficiaires comme aux héritiers purs et simples (5); mais on n'admet pas qu'elles concernent les créances dues par les héritiers eux-mêmes (6).

216. Renonciation. — Il faut, d'ailleurs, que la renonciation soit catégorique; il ne suffirait pas d'annoncer que les créances sont considérées comme irrécouvrables (7), ni que les héritiers s'engagent à payer les droits s'ils les recouvrent (8). — Il est nécessaire, en outre, que cette renonciation soit insérée dans la déclaration même des héritiers; celle que contiendrait l'inventaire serait insuffisante (9). Toutefois, si la créance a été totalement omise, les héritiers, s'ils sont de bonne foi, sont encore fondés à faire leur renonciation au bureau après le payement des droits pour éviter les poursuites de la régie (10).

217. Renonciation partielle. — Rien ne s'oppose enfin à ce que la renonciation soit seulement partielle (11).

218. Refus. — Dans tous les cas, il appartient souverainement à la régie d'accepter ou

---

FORMULE 24. — Créance sur un failli. — Engagement à formuler (N° 214).

Le soussigné LEGRAND (Jules), imprimeur, demeurant à.....,

Agissant tant en son nom personnel qu'au nom et comme se portant fort pour M. LEGRAND (Paul), étudiant en droit, demeurant à....., et Mlle LEGRAND (Henriette), sans profession, demeurant à.....

MM. Jules et Paul LEGRAND et Mlle Henriette LEGRAND, héritiers conjointement pour le tout, ou chacun pour un tiers, de M. Victor LEGRAND, leur père, en son vivant propriétaire, demeurant à....., où il est décédé le.....

Reconnaît qu'il dépend de la succession de M. Victor LEGRAND :

1° Une créance de 8,000 fr. sur M. Gustave VINEL, épicier, demeurant à....., en faillite à l'époque du décès. Les droits de mutation par décès liquidés sur le capital nominal de cette créance sont de 100 fr., décimes compris;

2° Une somme de 9,600 fr., restant due sur une créance de 12,000 fr., contractée par M. Léopold LEJEUNE, marchand de vins, en état de liquidation judiciaire, un premier dividende de 20 p. 100 ayant été touché antérieurement au décès. Les droits de mutation par décès sur 9,600 fr. s'élèvent à 120 fr., décimes compris.

---

(1) Garnier, *Suc.*, 949; Dict. Réd., *Suc.*, 1616; Grenoble, 26 mai et 31 août 1847; Nantes, 29 nov. 1859; Pontoise, 20 nov. 1857; sol., 11 mars 1866, 3 mai 1867. CONTRA : Cambrai, 25 mars 1859.

(2) Inst., 2 juin 1890; Rép. Defrénois, 5755.

(3) Garnier, *Suc.*, 958; Dict. Réd., *Suc.*, 1619; Montpellier, 14 juin 1852; sol., 23 mai 1857, 23 mars et 4 août 1876, 4 juin et 16 oct. 1877, 7 juill. 1880.

(4) Garnier, *Suc.*, 932; Dict. Réd., *Suc.*, 1596; déc. min. fin., 12 août 1806. Voir Mantes, 25 juill. 1887; Rép. Defrénois, 4279.

(5) Garnier, *Suc.*, 937; Dict. Réd., *Suc.*, 1607; sol., 4 oct. 1848.

(6) Garnier, *Suc.*, 938; Dict. Réd., *Suc.*, 1608; Demolombe, XIX, 266; Wissembourg, 30 janv. 1857; Seine, 13 fév. 1857; La Flèche, 1er fév. 1876; Le Mans, 27 déc. 1878; sol., 5 avril 1879. Voir Saint-Amand, 12 juill. 1888; Rép. Defrénois, 5230.

(7) Valenciennes, 5 juin 1845.

(8) Garnier, *Suc.*, 933; Château-Chinon, 2 janv. 1851.

(9) Garnier, *Suc.*, 934; Seine, 3 juill. 1850.

(10) Garnier, *Suc.*, 935; Dict. Réd., *Suc.*, 1604; sol., 10 juin 1851, 13 juillet 1874, 7 décembre 1875, 9 juin 1876, 22 juin 1880.

(11) Garnier, *Suc.*, 929; Dict. Réd., *Suc.*, 1605; Pontoise, 17 avril 1856; Rambouillet, 14 août 1857; Seine, 30 juin 1860. CONTRA : Cambrai, 25 mars 1859.

de refuser les renonciations dont il est parlé *supra* n° 215; car il s'agit d'une question d'équité, elle en est la seule juge (1).

219. Créances litigieuses. — Les créances litigieuses ne doivent pas être comprises dans la déclaration de succession, en raison de ce qu'elles sont incertaines dans leur existence, *supra* n° 73.

6° *Offices.*

220. Règles spéciales. — Lorsqu'il dépend de la succession du défunt un office, la perception de l'impôt de mutation par décès s'opère suivant les règles établies par l'art. 9 de la loi du 25 juin 1841.

221. Perception. — Lorsqu'un office échoit conjointement à plusieurs héritiers, un droit de 2 p. 100 est perçu sur le traité de cession, passé par les cohéritiers au profit de l'un d'eux; s'il n'y a qu'un héritier, se présentant comme successeur, ce droit est acquitté par lui sur une déclaration estimative de la valeur de l'office faite au bureau de l'enregistrement de la résidence du titulaire décédé, et la quittance du receveur est jointe à l'appui de la demande de nomination (Loi 25 juin 1841, art. 9). Mais, dans tous les cas, la perception s'établit sur la valeur entière de l'office; on ne déduit pas la part virile du cohéritier cessionnaire (2).

222. Imputation. — Mais le droit ainsi perçu s'impute sur celui que les héritiers ont à payer lors de la déclaration de succession, au taux fixé d'après leur degré de parenté (Loi 25 juin 1841, art. 9) (3). On ne procède pas pour cela en suivant les divisions légales de la masse par ordre d'héritier, mais on déduit le droit de 2 p. 100 du total des droits de succession, quoiqu'une partie de ces dernières soient d'une quotité inférieure au tarif de la cession d'office (4) [Form. 23].

223. Etranger cessionnaire. — Cette imputation ne s'opère, bien entendu, que quand c'est un héritier qui se présente comme successeur du titulaire. Si l'office est cédé à un tiers par les héritiers, il va de soi que les droits de succession et de cession sont tous deux exigibles (5).

224. Destitution. — Alors même que le successeur serait l'un des héritiers, il n'y aurait pas lieu à imputation si le titulaire de l'office avait été destitué, les héritiers

---

M. Jules Legrand, ès-dites qualités, s'engage, en conséquence, à acquitter les droits au fur et à mesure de la distribution de chaque dividende et quelle que puisse être la date de ces distributions.

Fait à....., le.....

Approuvé l'écriture ci-dessus :
(Signature.)

Sur timbre à 60 c.

FORMULE 25. — Succession. — Office. — Cession à un héritier (N° 222).

M. Lasquin (Jules-Emile), célibataire, en son vivant notaire à....., est décédé en son domicile le....., laissant pour seuls héritiers, chacun pour moitié :

1° Mme Lasquin (Victorine), veuve de M. Jean Charlet, sa sœur, demeurant à.....;

2° M. Morel (Pierre), principal clerc de notaire, demeurant à....., son neveu, par représentation de Mme Eléonore Lasquin, décédée épouse de M. Jérôme Morel, sa mère décédée, sœur du *de cujus*.

Ainsi que le constate l'inventaire dressé par Me....., notaire à....., le.....

---

(1) Garnier, *Suc.*, 927; Dict. Réd., *Suc.*, 1598; Cass. (4 arrêts), 21 avril 1861; inst., 2201; Seine, 13 juin 1863; Cambrai, 30 août 1874; Châlons-sur-Marne, 31 déc. 1874; Lyon, 4 avril 1879; Lons-le-Saunier, 8 nov. 1888; Saint-Amand, 12 juill. 1888; Le Puy, 8 août 1890; Rép. Defrénois, 3963, 5082, 6355.

(2) Garnier, *Office*, 123; Dict. Réd., 141.

(3) Garnier, 125; Dict. Réd., *Office*, 143, inst., 1640; sol., 9 mars 1850.

(4) Garnier, *Office*, 128; Dict. Réd., *Office*, 147.

(5) Garnier, *Office*, 130; Dict. Réd., *Office*, 150.

étant déchus du droit de présentation (1). Mais si le successeur avait été nommé antérieurement, l'indemnité, encore due au jour du décès, ne serait soumise aux droits de mutation que pour la portion non déléguée aux créanciers (2).

225. Prise de possession. — Si le cessionnaire d'un office, nommé par le gouvernement, décède avant d'avoir prêté serment, l'office n'en est pas moins devenu sa propriété, et il doit être compris dans la déclaration de sa succession; encore bien qu'il ait été stipulé, dans le traité, que l'entrée en possession aurait lieu après cette prestation de serment, et que le nouveau titulaire de l'office ait été nommé sur la présentation du cédant primitif (3).

7° *Bail.*

226. Bail ordinaire; loyers d'avance. — Aucun droit n'est dû sur la transmission par décès d'un bail ordinaire (4), mais si des loyers ont été payés d'avance, les héritiers du preneur doivent les comprendre dans la déclaration de sa succession (5).

227. Sous-location. — Si le défunt, étant locataire de l'immeuble, a consenti une sous-location pour une somme supérieure au prix de sa location, le bénéfice résultant pour lui de la plus-value annuelle constitue au profit de la succession une valeur active qui doit être comprise dans la déclaration, en la multipliant par le temps restant à courir de la sous-location (6).

228. Emphytéose. — Le bail, bien que fait au défunt, doit être déclaré quand il a un caractère translatif de propriété, comme l'emphytéose (7).

229. Bail héréditaire. — Quant au bail héréditaire, il a été reconnu qu'il ne motivait pas la perception du droit de succession (8). De même aucun droit de succession n'est dû sur la disposition d'un testament obligeant le légataire universel à donner à bail à un tiers des immeubles de la succession pour un prix déterminé; sauf à l'administration à percevoir un supplément de droit de bail s'il y a insuffisance (9).

230. Bail à domaine congéable. — Les héritiers de celui qui tient un domaine doivent déclarer comme immeubles les édifices et superficies, et comme meubles les bestiaux attachés à la culture, les instruments aratoires et les semences, lorsque ces objets ont été apportés par le colon (10). — Si c'est le propriétaire qui décède, ses héritiers sont

---

ACTIF DE SUCCESSION.

1° Mobilier décrit et estimé en l'inventaire.	4,540 60
2° 260,000 fr., montant du prix de cession de l'office de notaire faite à M. Pierre Morel, suivant acte reçu par Me....., notaire à....., le....., ci	260,000 »
3° *(Enoncer les recouvrements à opérer, ainsi que les valeurs, créances et immeubles dépendant de la succession.)*	126,305 15
Ensemble	390,845 75

DROITS A PAYER.

6 fr. 50 p. 100 sur 390,860 fr.	25,405 90
A reporter.	25,405 90

---

(1) Garnier, *Office*, 131; Dict. Réd., *Office*, 146; Périgueux, 5 déc. 1850.

(2) Garnier, *Office*, 132; Dict. Réd., *Office*, 152; Saverne, 9 déc. 1845.

(3) Garnier, *Office*, 134; Dict. Réd., *Office*, 151; Troyes, 4 déc. 1872.

(4) Garnier, *Suc.*, 756; Dict. Réd., *Suc.*, 1289; Cass., 23 janv. 1833, 24 nov. 1807.

(5) Garnier, *Suc.*, 757; Dict. Réd., *Suc.*, 1209. Voir sol., 5 mars 1885; Rép. Defrénois, 1396.

(6) Garnier, *Suc.*, 761; Dict. Réd., *Suc.*, 1308; Seine, 23 fév. 1867, 20 août 1871; sol., 16 fév. 1869.

(7) Garnier, *Suc.*, 769; Dict. Réd., *Suc.*, 1298; Cass., 2 avril 1840, 24 juill. 1843, 6 mars 1850; Seine, 9 déc. 1840; Lille, 3 mars 1849; inst., 1857-7.

(8) Cass. (ch. réun.), 24 nov. 1837. Contra : Dict. Réd., *Suc.*, 1302; Cass., 28 janv. 1833, 16 juin 1852. Voir Garnier, *Suc.*, 764.

(9) Garnier, *Suc.*, 758; Compiègne, 7 fév. 1872.

(10) Garnier, *Suc.*, 767; Dict. Réd., *Suc.*, 1295; dél., 4 sept. 1806.

tenus de déclarer la redevance qui est censée représenter le revenu et doit être capitalisée au denier 25.

8° *Brevets.*

231. Brevet d'invention. — Le brevet d'invention forme, entre les mains de celui qui l'a obtenu, une propriété transmissible, passible du droit de mutation par décès (1).

232. Brevet de maître de poste. — Quant au brevet de maître de poste, comme les héritiers sont autorisés à continuer le service pour leur compte (décret 24 juillet 1793, art. 70), il semble que c'est là une valeur héréditaire également assujettie à l'impôt (2).

9° *Cautionnement.*

233. Deniers propres. — Le cautionnement, fourni de ses deniers par le comptable, fonctionnaire ou officier public, lui appartient et doit, à ce titre, être compris dans sa déclaration de succession, bien qu'il soit décédé en état de débet (3).

234. Bailleur de fonds. — Il en est ainsi alors même que le cautionnement a été fourni par un bailleur de fonds avec privilège de second ordre; car le bailleur de fonds n'est qu'un prêteur et ne conserve pas la propriété des deniers employés au cautionnement (4).

10° *Propriété littéraire.*

235. Déclaration. — La propriété littéraire qui dépend de la succession est déclarée pour sa valeur au jour du décès. Cette valeur doit être déterminée d'après les traités passés avec l'éditeur. Si l'auteur a vendu l'édition actuelle, il faut déclarer la valeur des éditions postérieures. Lorsque l'éditeur a le droit de publier toutes les éditions de l'ouvrage à la charge de payer à l'auteur une certaine remise par exemplaire vendu, c'est cette remise qui doit être évaluée dans la déclaration de succession (5).

11° *Fonds de commerce.*

236. Valeur. — La valeur d'un fonds de commerce représente un actif de l'hérédité et, à ce titre, doit être comprise dans la déclaration de succession (6) [FORM. 26].

237. Achalandage. — L'achalandage ou la clientèle constitue une valeur particulière qui peut être transmise séparément et qui donne ouverture à un droit distinct de celui de l'immeuble ou du fonds dont il dépend (7).

Report.	25,405 90
Mais comme M. Pierre MOREL, héritier de M. LASQUIN, est cessionnaire de l'office de notaire, il y a lieu de déduire des droits de mutation par décès la somme de 5,200 fr., montant des droits en principal perçus lors de l'enregistrement de l'acte de cession d'office	5,200 »
Reste	20,205 90
Double décime et demi	5,051 48
Timbre de quittance.	» 25
Ensemble	25,257 63

(1) Garnier, *Brev. d'inv.*, 12; Dict. Réd., *Suc.*, 1563.

(2) Garnier, *Suc.*, 825; Dict. Réd., *Suc.*, 1562; Sisteron, 25 janv. 1854. COMP. : Cass., 22 juin 1851.

(3) Garnier, *Suc.*, 873; Dict. Réd., *Suc.*, 1567.

(4) Garnier, *Suc.*, 874; Dict. Réd., *Suc.*, 1570; Cass., 6 janv. 1840, 17 juill. 1849, 11 mars 1861; Aubusson, 10 mai 1860; Bergerac, 3 janv. 1867; Seine, 13 déc. 1872; déc. min. fin., 28 juin 1856, 12 avril 1862, 2 août 1865; dél., 7 fév. 1865; sol., 14 juill. 1865, 31 janv. 1866, 21 oct. 1871, 12 fév. 1872, 20 déc. 1872, 1er fév. 1877, 15 juill. et 4 déc. 1879, 21 oct. 1880. CONTRA : Dél., 9 juin 1835; Rouen, 15 avril 1806; Paris, 15 avril 1834.

(5) Garnier, *Suc.*, 1044, 1045.

(6) Dict. Réd., *Suc.*, 1641; Briey, 15 janv. 1880.

(7) Garnier, *Suc.*, 833; Dict. Réd., *Suc.*, 1642; Seine, 7 mai 1840, 28 mai 1855; Rouen, 17 mars 1856.

12° *Fruits.*

238. Fruits civils. — Les fruits civils ou proratas, soit de fermages, soit de loyers d'un immeuble affermé, courus jusqu'au jour du décès du propriétaire, doivent être déclarés comme créance, indépendamment du droit à percevoir sur l'immeuble (1). Le prorata de fermage, à comprendre dans la déclaration, court de la date fixée dans le bail pour la prise de possession annuelle et non pas de l'échéance des termes de payement (2).

239. Fruits naturels. — La règle précédente ne s'applique pas quand le propriétaire jouit par lui-même, puisque les fruits naturels font partie intégrante de l'immeuble et n'ont pas une valeur distincte (3). — Mais si la récolte, quoique non détachée, avait été vendue à forfait avant le décès du propriétaire, le prix de l'aliénation formerait une créance sujette au droit (4).

240. Récoltes. — Enfin la régie décide que les récoltes sont meubles à l'égard du fermier et que s'il meurt avant de les avoir enlevées, ses héritiers doivent les comprendre dans la déclaration de sa succession d'après leur valeur au jour du décès (5).

241. Arrérages. — Les arrérages d'une créance ou d'une rente font partie de la succession non seulement lorsque le terme est échu, mais encore lorsqu'il n'y a qu'une partie d'un terme écoulé. Dans ce cas, les arrérages doivent être déclarés au prorata des jours écoulés depuis l'échéance du dernier terme (6).

242. Valeurs de bourse. — Le cours de la Bourse comprenant les intérêts courus depuis le dernier payement, il n'y a pas lieu d'ajouter les intérêts du terme courant, à moins que le décès n'ait lieu après le détachement du coupon (7), ou que le défunt ne soit marié sous le régime de communauté, *infra* n° 312.

243. Secours à anciens militaires. — Les arrérages de secours annuels ou viagers aux anciens militaires, donnés par le grand chancelier de la Légion d'honneur, sont exempts des droits de mutation par décès (8).

13° *Sociétés.*

244. Parts d'intérêt. — Les actions ou les parts d'intérêt dans les sociétés étant meubles tant que dure l'entreprise, les héritiers de l'associé défunt n'ont à déclarer que la valeur des droits de leur auteur dans la société, si son décès n'a pas dissous le contrat (9). Lorsque ces droits correspondent à des actions proprement dites, il suffit d'évaluer les

FORMULE 26. — **Succession.** — **Fonds de commerce** (Nos 236, 237).

M. Lucié (Paul), en son vivant boulanger, demeurant à....., veuf non remarié de Mme Léonie Ulcin, est décédé en son domicile le....., laissant pour héritiers ses enfants ci-après nommés, issus de son mariage avec ladite dame :

1°.....; 2°.....; 3°....., etc.

Ainsi que ces qualités sont constatées en l'inventaire dressé après le décès de M. Lucié par Me....., notaire à....., le.....

ACTIF DE SUCCESSION.

1° Mobilier prisé en l'inventaire	2,940 60
2° Espèces en caisse	846 85
A reporter	3,787 45

(1) Garnier, *Suc.*, 1017; Dict. Réd., *Suc.*, 1647; inst., 1263-5.
(2) Langres, 10 mai 1882; Rép. Defrénois, 1096.
(3) Garnier, *Suc.*, 1020; Dict. Réd., *Suc.*, 1647; inst., 1263-5.
(4) Garnier, *Suc.*, 1021; inst., 1263-5.
(5) Garnier, *Suc.*, 1023; Dict. Réd., *Suc.*, 1650; inst., 1263-5; Roche-sur-Yon, 22 déc. 1858.
(6) Garnier, *Suc.*, 904.
(7) Garnier, *Suc.*, 904-3; Dict. Réd., *Suc.*, 1740.
(8) Garnier, *Suc.*, 904-7; Dict. Réd., *Suc.*, 1691; déc. min. fin., 5 avril 1859.
(9) Garnier, *Suc.*, 1168; Cass., 14 août 1833; inst., 1446-6. Voir Grasse, 1er déc. 1890.

actions; mais, dans le cas contraire, les héritiers doivent détailler et estimer tous les biens composant le fonds social (1).

245. Cession conditionnelle. — Lorsqu'il a été stipulé que lors du décès d'un associé la société continuerait entre les associés survivants, et que ceux-ci conserveront la part du défunt à charge de payer la valeur de cette part à ses héritiers, suivant sa valeur fixée par le dernier inventaire social, cette clause constitue une cession conditionnelle et le prix de cette cession doit seul être compris dans la déclaration de succession de l'associé décédé (2). Mais si la société n'avait été constituée qu'entre deux associés, le droit est acquitté sur la valeur brute de la part de l'associé décédé, sans distraction du passif social (3), *infra* n° 247.

246. Décès; dissolution. — Le droit est dû selon la nature des biens indivis, quand le décès de l'associé a mis fin à l'entreprise (4), alors même que la société reste en liquidation (5).

247. Passif non déduit. — Dans ce cas l'être moral ayant disparu, les héritiers ne recueillent qu'une part brute de tous les biens; ils doivent la comprendre dans la déclaration de la succession, sans en déduire la portion du passif leur incombant (6).

248. Réserve. — La part de l'associé dans les réserves à repartir après son décès par l'assemblée des actionnaires constituant une créance indéterminée, doit être déclarée sur l'évaluation des parties (7).

249. Communauté. — La femme, même commune, n'est point partie contractante dans les actes de société passés par son mari. Elle n'est donc pas propriétaire des immeubles acquis par la société; elle n'a droit qu'aux bénéfices pour la portion résultant de l'association distincte qu'elle a contractée avec son mari. Ces bénéfices seuls doivent être déclarés (8).

Report.	3,787 45
3° Marchandises prisées	940 »
4° Matériel prisé	340 »
5° Clientèle et achalange du fonds de commerce de boulangerie cédé à M. Danin (René), moyennant un prix de 18,940 fr., suivant acte sous seing privé en date du....., ci.	18,940 »
6° Créances actives diverses, détaillées en l'inventaire	1,966 50
Ensemble.	25,973 95

DROITS A PAYER.

1 p. 100 sur 25,980 fr.	259 80
Double décime et demi	64 95
Timbre de quittance	» 25
Total des droits à payer	325 »

FORMULE 27. — Légataire universel. — Légataires particuliers. — Absence d'héritiers à réserve (Nos 253 à 270).

M. Dumon (Louis), en son vivant propriétaire, demeurant à....., est décédé, en son domicile, le....., sans laisser d'héritiers à réserve.

Aux termes de son testament, reçu par Me....., notaire à....., le....., il a institué M. Launay

(1) Inst., 520.

(2) Garnier, *Suc.*, 1169-3; Cass., 5 déc. 1866, 11 janv. 1875; Rouen, 7 mars 1888.

(3) Garnier, *Suc.*, 1170-2; sol., 14 avril 1881; Seine, 9 juin 1882; Lille, 11 déc. 1885; Béziers, 14 août 1886; Rennes, 12 août 1885; Seine, 4 nov. 1887; Cass., 23 mars 1889, 17 mars 1890; Rép. Defrénois, 1675, 3540, 5277.

(4) Sol., 2 juin 1837; inst., 1562-20; Seine, 14 fév. 1844.

(5) Avesne, 2 août 1878.

(6) Seine, 9 juin 1882, 4 nov. 1887; Lille, 11 déc. 1885; Béziers, 14 août 1886; Chalon-sur-Saône, 8 juill. 1887; Cass., 23 mars 1889; Rép. Defrénois, 3520, 3540, 4685, 4901, 5277. Voir aussi Bordeaux, 26 mars 1890; *Ibid.*, 6259.

(7) Seine, 12 août 1881; Rép. Defrénois, 741.

(8) Garnier, *Suc.*, 1175; sol., 19 mai 1824; Inst., 1146-10. Voir Toul, 12 août 1879; Lunéville, 10 juin 1882; Rép. Defrénois, 1650.

250. Taxe de mainmorte. — La taxe de mainmorte, qui frappe les immeubles d'une société anonyme, n'exempte pas les actions du droit de succession (1).

251. Sociétés de secours mutuels. — Les transmissions par décès au profit des sociétés de secours mutuels sont passibles des droits proportionnels ordinaires (2)

III. Legs particuliers.

252. Principe. — Les legs particuliers, faits par le défunt, ne donnent lieu qu'à la perception d'un seul droit de mutation par décès, d'après le degré de parenté des légataires; par conséquent, ils doivent être déduits des biens compris dans la succession.

1° *Perception du droit.*

253. Legs soumis au droit. — Tous les legs particuliers ayant le caractère d'une libéralité sont assujettis aux droits de mutation par décès [FORM. 27, 28]. Il en est ainsi notamment : du legs à un exécuteur testamentaire pour le récompenser de ses soins (3); — du legs par un débiteur à un créancier, dont le titre était périmé ou anéanti (4); — du legs par le créancier au débiteur (5); — des honoraires attribués au tuteur testamentaire (6); — du legs à un domestique en compensation de ses gages (7).

254. Legs par mari à femme. — On doit considérer comme un legs passible du droit de mutation par décès, la déclaration par un mari, dans son testament, qu'il a reçu de sa femme une somme de 50,000 fr. dont il lui fait don et legs (8); mais si le testateur se contentait de déclarer qu'il doit telle somme, sans ajouter qu'il en fait donation, il y aurait simple reconnaissance de dettes.

255. Usufruit; créance non productive d'intérêts. — Le legs de l'usufruit d'une créance non productive d'intérêts pendant un temps déterminé, par exemple jusqu'au

---

(Henri), horloger, demeurant à....., son neveu, pour son légataire universel, et a fait en outre les legs particuliers ci-après :

A M. DURAND (Pierre), son cousin, cultivateur, demeurant à....., un legs de 2,800 fr., ci.	2,800 »
A Mme HABERT (Henriette), sa cousine, épouse de M. Victor DENIS, propriétaire, avec lequel elle demeure à....., un legs de 4,000 fr., ci	4,000 »
A M. LASQUIN (Paul), son parent, cultivateur, demeurant à....., un legs de 1,000 fr., ci.	1,000 »
Ensemble.	7,800 »

ACTIF DE SUCCESSION.

1°.....; 2°.....; 3°.....	» »
Ensemble.	48,940 50
A déduire le montant des legs particuliers ci-dessus	7,800 »
Reste pour M. LAUNAY, légataire universel.	41,140 50

DROITS A PAYER.

Légataires particuliers :

M. DURAND, cousin, 8 p. 100 sur 2,800 fr..	224 »	
Décimes	56 »	280 »
Mme DENIS, cousine, 8 p. 100 sur 4,000 fr.	320 »	
Décimes	80 »	400 »
A reporter.		680 »

---

(1) Carcassonne, 16 janv. 1860.

(2) Saint-Dié, 24 avril 1863.

(3) Garnier, *Suc.*, 990; Dict. Réd., *Exec. testam.*, 7 et 8; dél., 14 déc. 1830, 7 déc. 1833; dél. Belg., 7 déc. 1854; Villefranche (Rhône), 10 mars 1870. Voir cep. Clermont, 29 nov. 1878.

(4) Garnier, *Suc.*, 993; Dict. Réd., *Legs*, 124; dél., 14 déc. 1829; Rouen, 22 déc. 1866.

(5) Garnier, *Suc.*, 993; Dict. Réd., *Legs*, 131; Valenciennes, 14 fév. 1877; Seine, 8 nov. 1889; Rép. Defrénois, 5209.

(6) Garnier, *Suc.*, 994; Dict. Réd., *Legs*, 216; Valognes, 3 janv. 1860.

(7) Garnier, *Suc.*, 1001; Dict. Réd., *Legs*, 218.

(8) Villefranche, 14 août 1829; dél., 23 avril 1830.

décès du débiteur, n'est soumise à l'impôt de mutation que lors de la réalisation de l'événement qui suspend les droits de l'usufruitier (1).

256. Legs pieux. — A l'égard des fondations pieuses, il y a legs quand le testament attribue la propriété ou l'usufruit de certaines valeurs à une personne ou à un établissement ayant une existence propre; il y a simple charge si l'héritier a seulement mission de faire dire des messes, de distribuer des sommes aux pauvres, etc. (2), ou de vendre une partie des biens de la succession pour en distribuer le prix à des établissements de bienfaisance (3). Mais le droit de mutation est dû sur le legs à un établissement public, à la charge d'employer le montant du legs à faire dire des messes (4).

257. Charge de remettre à un tiers. — Si le légataire est chargé de remettre à un tiers un objet dont il est personnellement propriétaire, il n'est dû aucun droit particulier de mutation lors de la remise de cet objet au tiers.

258. Legs à hospice. — La délibération de la commission administrative d'un hospice acceptant une somme remise par un tiers, en exécution des intentions charitables d'une personne désignée et défunte, a pour effet d'établir l'existence d'un legs verbal, et le droit de mutation par décès est dû sur cette somme (5).

259. Legs verbaux. — On a aussi considéré comme donnant ouverture au droit de succession dû par les légataires et non par les héritiers, le fait que le défunt a tiré, deux jours avant sa mort, un chèque encaissé par le tiré le jour même de sa mort et employé à l'acquit de legs verbaux (6).

260. Legs déguisé. — Constitue un legs déguisé assujetti au droit de succession, la disposition d'un testament portant que, parmi les valeurs renfermées dans le coffre-fort du testateur, se trouvent des titres au porteur appartenant à une personne désignée, alors que le droit de propriété de cette personne n'est pas justifié (7).

Report		680 »
M. Lasquin, non parent, 9 p. 100 sur 1,000 fr.	90 »	
Décimes	22 50	112 50
Ensemble.		792 50
M. Launay, neveu, légataire universel, 6 fr. 50 p. 100 sur 41,160 fr. .	2,675 40	
Décimes	668 85	3,344 25
Timbre de quittance		» 25
Total des droits à payer.		4,137 »

FORMULE 28. — Legs universel et particuliers. — Réduction. — Héritiers à réserve (N° 262).

M. Dubois (Edmond), en son vivant propriétaire, célibataire, demeurant à....., est décédé en son domicile le....., laissant pour héritiers à réserve :

1° M. Dubois (Louis), son père, rentier, demeurant à....., pour un quart;

2° M. Lucan (Désiré), ancien négociant et Mme Dubois (Henriette), son épouse, demeurant ensemble à....., ses grand-père et grand'mère, pour un autre quart.

Aux termes de son testament reçu par Me....., notaire à....., le....., M. Edmond Dubois a institué pour son légataire universel M. Cubois (Henri), non parent, propriétaire, demeurant à....., et il a fait les legs suivants :

1° A M. Musret (Pierre), son cousin, fabricant, demeurant à....., la moitié des biens immeubles qu'il laisserait à son décès;

---

(1) Sol., 5 mai 1891; Rép. Defrénois, 6533.

(2) V. Garnier, *Suc.*, 1002; Dict. Red., *Legs*, 205; Cass., 16 juill. 1834; Grenoble, 23 août 1851; Douai, 30 mai 1853; Bordeaux, 23 juin 1856; Clermont, 29 nov. 1878; Rép. Defrénois, 1190-19, 1801-5.

(3) Sol., 19 août 1831; Neufchateau, 11 fév. 1836; Cass., 6 juill. 1871. V. Garnier, *Suc.*, 1002; Cass., 8 août 1874.

(4) Sol., 24 juill. 1877; déc. min. fin., 9 oct. 1877.

(5) Vienne, 11 avril 1878; Limoges, 3 mars 1882; Rép. Defrénois, 1618.

(6) Vienne, 1er mai 1879.

(7) Bruxelles, 20 déc. 1876.

261. Etablissement public. — Lorsque l'acceptation d'un legs à un établissement public n'a été autorisé par le gouvernement que partiellement, l'impôt de succession n'est dû par l'établissement légataire que pour la portion qu'il recueille réellement; les héritiers bénéficiant de cette réduction doivent l'impôt sur le surplus (1). De même, si l'acceptation n'a été consentie qu'à la condition de remettre aux héritiers une somme à titre de secours, il faut déduire cette somme pour le calcul du droit à la charge de l'établissement (2).

262. Réduction. — Lorsque les legs dépassant la quotité disponible subissent une réduction proportionnelle, le droit de mutation par décès n'est dû que sur les sommes réellement touchées par les légataires (3).

2° *Déduction.*

263. Principe. — Un avis du Conseil d'Etat du 2 septembre 1808, devenu célèbre dans la jurisprudence fiscale, a décidé qu'une même valeur ne pouvant supporter un double impôt, il fallait, pour la perception du droit de mutation par décès, déduire des biens d'une hérédité tous les legs particuliers, existants ou non en nature, faits par le défunt, et liquider séparément l'impôt sur les legs et sur le surplus des biens demeurés à l'héritier [Form. 27, 28].

264. Meubles et immeubles. — On ne fait plus aucune distinction pour cela entre les meubles et les immeubles, depuis que la loi du 18 mai 1850 a tarifé ces valeurs au même taux. Il faut distraire de l'actif total le montant des legs et ne percevoir le droit du chef de l'héritier que sur l'excédent (4).

265. Legs excédant l'actif. — Lorsque les legs particuliers de sommes d'argent sont supérieurs à la valeur des meubles et immeubles de la succession estimés d'après les bases légales, et situés en France (5), l'administration ne peut percevoir le droit que sur

---

2° A M. Voismois (Louis), non parent, quincailler, demeurant à....., une créance de 25,000 fr. sur M. Jean Didier, négociant, demeurant à.....;

3° A Mlle Lavigne (Henriette), sa cousine, rentière, demeurant à....., une rente viagère de 3,000 fr. par an;

4° Et à M. Julien (Paul), son domestique, demeurant à....., une somme de 5,000 fr., avec stipulation que ce legs serait acquitté de préférence aux autres.

Inventaire a été dressé par Me....., notaire à....., le.....

ACTIF DE SUCCESSION.

Biens meubles :	
1° Mobilier prisé en l'inventaire	7,400 »
2° Deniers comptants	1,200 »
3° Un titre nominatif de 1,400 fr. de rente 3 p. 100 sur l'Etat français, n°..... de la 4e série, représentant, au cours de....., une somme de	44,000 »
4° Créance de 25,000 fr. sur M. Didier, suivant acte reçu par Me....., notaire à....., le....., ci.	25,000 »
5° Prorata d'intérêts depuis le..... jusqu'au décès	1,500 »
6° Proratas de fermages de la ferme ci-après depuis le....., jusqu'au décès. . .	1,200 »
Biens immeubles :	
7° La ferme du....., sise commune de....., comprenant corps de ferme, labours, prés et bois, d'une contenance de....., louée à M....., moyennant, sans charge d'impôt, un fermage annuel de 3,600 fr., suivant bail reçu par Me....., notaire à....., le.....	
Capital au denier 25	90,000 »
Ensemble	170,300 »

---

(1) Garnier, *Suc.*, 988-7; dél., 7 juill. et 17 oct. 1826; sol., 29 nov. 1873, 31 août 1880, 16 juill., 7 sept. et 13 nov. 1884, 25 avril et 29 octobre 1885; Seine, 7 janvier 1888, 22 mars 1890.

(2) Seine, 16 avril 1886; Rép. Defrénois, 4002.

(3) Garnier, *Suc.*, 806-1; sol., 27 juin et 9 déc. 1872. Voir Seine, 10 fév. 1888.

(4) Garnier, *Suc.*, 1302; Dict. Réd., *Suc.*, 1982; Cass., 30 mars 1858; Inst., 2234-1.

(5) Garnier, *Suc.*, 1303; Belfort, 3 fév. 1863.

cette valeur ; elle ne peut le réclamer sur la différence entre le montant des legs et l'estimation des biens (1).

266. Legs de rentes viagères. — On assimile d'ailleurs aux legs de sommes tous les legs de rentes viagères, de rentes perpétuelles ou de pensions (2).

267. Legs de libération. — Quand, après la donation entre vifs d'une somme d'argent, le donateur, pour s'en libérer, lègue au donataire certains immeubles déterminés, la déduction de la somme donnée entre vifs et non payée doit, lors de la déclaration de succession, être faite non pas sur l'ensemble de la succession, mais seulement sur la valeur imposable des immeubles légués (3).

268. Legs payable au décès de l'héritier. — Le principe de cette distraction a été poussé plus loin par la jurisprudence. Elle a reconnu que si l'héritier ou le légataire universel auquel le testateur avait imposé des legs particuliers payables au décès de cet héritier ou légataire, ou même le cessionnaire de leurs droits successifs (4), mourait lui-même avant d'avoir fait la délivrance de ces libéralités, on devait déduire de l'actif de sa succession le montant des legs non payés, avec leurs accessoires, par exemple, les droits de succession s'il était chargé de les acquitter (5), et percevoir seulement l'impôt sur l'excédent (6), alors même qu'il s'agit d'une rente viagère (7) ; et peu importe que le rentier viager en ait été rempli au moyen d'une rente sur l'Etat conformément à une clause du testament ou pour en assurer le service (8).

269. Ibid. ; interprétation ; usufruit. — Décidé toutefois que le legs particulier

Report.		170,300 »
Revenant :		
1° A M. Louis Dubois, père, pour un quart.	42,575 »	
2° Et à M. et Mme Lucan, aïeuls, pour un autre quart	42,575 »	
Ensemble.	85,150 »	85,150 »
Reste disponible.		85,150 »
Sur laquelle somme on prélève d'abord les 5,000 fr. montant du legs à M. Julien à acquitter par préférence, ci		5,000 »
Reste pour les autres légataires		80,150 »
Pour établir la réduction, il faut rechercher quels auraient été les droits des légataires s'il n'y avait pas eu d'héritiers à réserve.		
L'actif de succession étant de		170,300 »
Dont on déduit les 5,000 fr. légués à M. Julien avec droit de préférence, ci. . .		5,000 »
Il reste pour les autres légataires		165,300 »
Laquelle somme reviendrait :		
A M. Musret, pour 45,000 fr, (moitié des immeubles), ci	45,000 »	
A M. Voismois, pour 25,000 fr., ci	25,000 »	
A Mlle Lavigne, pour 30,000 fr., ci	30,000 »	
Et à M. Cubois, légataire universel, pour	65,300 »	
Egalité	165,300 »	
En répartissant les 80,180 fr. disponibles entre ces légataires, d'après une règle de proportion, on trouve que les legs sont réduits :		
Celui de M. Cubois à.		31,663 »
Celui de M. Musret à		21,819 »
A reporter.		53,482 »

(1) Garnier, *Suc.*, 1303 ; Dict. Réd., *Suc.*, 2022 ; Cass., 7 juill. 1836, 30 mars 1858 ; inst., 2234. Voir Soissons, 29 janv. 1868 ; Rép. Defrénois, 3014-20.

(2) Garnier, *Suc.*, 1307 ; Dict. Réd., *Suc.*, 1987 ; Cass., 8 sept. 1808, 23 nov. 1811 ; déc. min. fin., 14 avril 1812 ; inst., 574 ; Seine, 12 janv. 1883 ; Rép. Defrénois, 1769.

(3) Figeac, 12 déc. 1873.

(4) Dict. Réd., *Suc.*, 2025 ; Cass., 29 nov. 1865.

(5) Clermont-Oise, 38 août 1871.

(6) Dict. Réd., *Suc.*, 2003 ; Cass., 6 déc. 1858, 16 et 22 août 1859, 25 juin 1862 ; inst., 2236-1. Voir Seine, 27 août 1864.

(7) Boulogne, 14 mars 1879 ; Poitiers, 9 juill. 1879.

(8) Sol., 11 août 1868, 16 déc. 1876 ; Seine, 19 mars 1870. Contra : Mantes, 7 mars 1885 ; Rép. Defrénois, 2969.

de somme payable sans intérêt après le décès du légataire universel, constitue un usufruit passible du droit de mutation par décès, indépendamment du droit dû par le légataire particulier (1); mais qu'il en est autrement si le legs est simplement payable à terme, sans intérêt (2).

270. Etendue de la déduction. — Les legs particuliers se déduisent de la toute propriété de la succession et non pas seulement de la nue propriété des biens, de sorte que s'il y a un usufruitier, il profite, dans une certaine mesure, de la réduction du capital imposable (3). Les rentes viagères elles-mêmes, si elles sont encore dues (4), s'imputent sur la masse de la succession (5), à moins qu'elles n'aient été mises exclusivement à la charge de l'usufruit (6). Si l'usufruitier est chargé de payer une rente viagère au légataire de la nue propriété, on décide que ce dernier doit acquitter l'impôt à la fois sur sa nue propriété et sur le capital de la rente (7).

271. Legs caducs. — Lorsque les legs particuliers sont caducs ou n'ont pas été acceptés, l'héritier ou le légataire universel qui était tenu de les acquitter en recueille le bénéfice; et, à son décès, ses héritiers sont tenus de les comprendre dans la déclaration de sa succession (8).

IV. Donations.

272. Acceptation. — Les biens donnés entre vifs font partie du patrimoine du donateur, tant que la donation n'a pas été acceptée par le donataire ou, si cette acceptation

	Report		53,482 »
Celui de M. Voismois à			12,122 »
Celui de Mlle Lavigne à			14,546 »
Somme égale			80,150 »
DROITS A PAYER.			
Héritiers :			
1 p. 100 sur 85,160 fr.			851 60
	Décimes		212 90
Ensemble			1,064 50
Légataires :			
M. Cubois, 9 p. 100 sur 31,680 fr.		2,851 20	
	Décimes	712 80	3,564 »
M. Musret, 8 p. 100 sur 21,820 fr.		1,745 60	
	Décimes	436 40	2,182 »
M. Voismois, 9 p. 100 sur 12,140 fr.		1,092 60	
	Décimes	273 15	1,365 75
M. Lavigne, 8 p. 100 sur 14,560 fr.		1,164 80	
	Décimes	291 20	1,456 »
M. Julien, 9 p. 100 sur 5,000 fr.		450 »	
	Décimes	112 50	562 50
	Timbre de quittance		» 25
Total des droits à payer			10,195 »

(1) Garnier, *Suc.*, 1311; Dict. Réd., *Suc.*, 2012; Inst., 2234-1; Vitry-le-Français, 12 mars 1863, 9 mai 1867; Dinau, 13 mai 1864; Muret, 31 août 1864; Saint-Girons, 28 août 1866; Toulon, 19 fév. 1867; Cass., 21 juin 1869; Soissons, 15 déc. 1875; Laon, 20 avril 1877; St-Marcellin, 9 mai 1889; Rép. Defrénois, 5478. Contra : Domfront, 25 nov. 1864; Sol., 6 nov. 1865; Périgueux, 21 déc. 1866; Aix, 10 avril 1867.

(2) Garnier, *Suc.*, 1311-1; Dict. Réd., *Suc.*, 2011; Cass., 16 août 1859; Périgueux, 21 déc. 1866; Aix, 10 avril 1867; Nîmes, 14 août 1872; Mirande, 29 août 1873. Voir aussi Castel-Sarrazin, 31 août 1877.

(3) Garnier, *Suc.*, 1309.

(4) Nantes, 8 juill, 1872.

(5) Belley, 7 juin 1872; Cholet, 19 nov. 1873; Avesne, 20 déc. 1873; Sancerre, 8 août 1882; Cass., 28 nov. 1882; Rép. Defrénois, 1066, 1504.

(6) Garnier, *Suc.*, 1309-1; Cass., 19 mars 1866; Lyon, 3 avril 1868. Contra : Chalon-sur-Saône, 15 mai 1862; le Mans, 17 janv. 1865; Toulon, 19 fév. 1867.

(7) Toulon, 18 fév. 1867; Seine, 3 août 1877.

(8) Garnier, *Suc.*, 803; Bayonne, 3 juill. 1888; Cass., 22 juill. 1891; Rép. Defrénois, 5107, 6257.

a lieu par acte séparé, tant qu'elle n'a pas été notifiée au donateur. Il en résulte que, si le donateur vient à mourir avant l'acceptation par le donataire ou la notification de son acceptation, les biens donnés doivent être compris dans la déclaration de sa succession, à moins que ses héritiers ne confirment la donation (1).

273. Déduction; sommes données mais non payées. — Par application du principe établi, *supra* nº 263, en ce qui concerne les legs particuliers, la donation entre vifs de sommes d'argent, non encore payées à l'époque du décès du donateur, doit être déduite de l'actif de sa succession pour le payement des droits de mutation par décès, le droit proportionnel ayant déjà été perçu lors de la donation (2). Cette déduction doit être faite alors même que les sommes données ne sont plus dues au donataire, mais à un tiers subrogé à ses droits (3); et sans que l'administration puisse opposer l'échéance du terme antérieur au décès, si la preuve du contraire est fournie (4).

274. Donation secondaire. — Mais il en est autrement quand un donataire est chargé de remettre une somme à un deuxième gratifié, s'il survit au donateur; dans ce cas, il y a deux libéralités, deux transmissions et indépendamment du droit perçu sur la donation, il est dû au décès du donateur, un droit de succession sur la somme qui fait l'objet de la libéralité secondaire (5).

275. Somme payable à terme. — La donation actuelle d'une somme payable à terme, sans intérêt, en saisit le donataire, et si ce dernier vient à décéder, puis l'enfant qui est issu de lui, la somme doit être déclarée dans chacune des successions (6).

276. Donation de biens présents et à venir. — Les donations de biens présents et à venir par contrat de mariage ne sont passibles du droit de mutation qu'au décès du disposant. Néanmoins, si ce droit a été perçu lors du contrat de mariage, il faut en tenir compte pour la liquidation du droit de mutation par décès (7).

277. Donation éventuelle. — Toutes les dispositions assujetties au droit fixe de don éventuel entraînent, comme conséquence nécessaire, la perception du droit proportionnel de mutation au décès du donateur, au droit fixé pour ces mutations et non pas, quand il s'agit d'une institution contractuelle, au droit fixé pour les donations entre vifs contenues dans les contrats de mariage (8).

FORMULE 29. — Succession. — Conjoint survivant. — Usufruit légal. — Donation à successibles. — Réduction des droits du conjoint (Nº 283).

M. Lucan (Pierre), en son vivant propriétaire, demeurant à....., est décédé en son domicile le....., laissant :

Mme Duroy (Jeanne-Henriette), son épouse, avec laquelle il était marié sous le régime de la communauté de biens réduite aux acquêts, aux termes de leur contrat de mariage, reçu par Me....., notaire à....., le....., et comme ayant droit, en vertu de l'art. 767 du Code civil, à l'usufruit du quart des biens de sa succession,

Et pour héritiers ses fils et fille ci-après nommés issus de son mariage :

Mme Lucan (Lucienne), épouse de M. Palin (Henri), libraire, avec lequel elle demeure à.....;

Et M. Lucan (Georges), employé, demeurant à.....,

Ainsi que ces qualités sont constatées en l'inventaire dressé par Me....., notaire à....., le.....

Suivant déclaration faite au greffe du tribunal civil de....., le....., Mme veuve Lucan a renoncé à la communauté ayant existé entre elle et son mari.

---

(1) Dél., 24 fév. 1832.

(2) Garnier, *Suc.*, 1281; Dict. Réd., *Suc.*, 2036; Cass., 30 juill. 1862; inst., 2234-1; sol., 25 août 1884; Rép. Defrénois, 2584. Voir Figeac, 18 janv. 1867; sol., 24 juin 1880; Mont-de-Marsan, 22 juill. 1886; *Ibid.*, 1127, 4118.

(3) Garnier, *Suc.*, 1288-2; Dict. Réd., *Suc.*, 2059; Nyons, 24 déc. 1875.

(4) Avranches, 30 juill. 1870; Largentière, 8 nov. 1870; sol., 23 mai 1881; Rép. Defrénois, 534.

(5) Garnier, *Don.*, 249; Cass., 21 mars 1860, 5 mars 1872; sol., 23 juin 1880; Saint-Gaudens, 25 juin 1884; Marvejols, 2 déc. 1886; Angoulême, 14 août 1888; Neufchatel, 11 juin 1890; Rép. Defrénois, 130, 2920, 3139, 4280, 6187.

(6) Montbrison, 21 nov. 1876.

(7) Cass., 24 déc. 1821, 13 avril 1825, 8 déc. 1826; inst., 1173-6.

(8) Seine, 21 fév. 1874.

278. Rapport. — Le rapport à succession qu'il soit fait en nature ou en moins prenant, n'est pas passible du droit de mutation par décès, lors même que la chose rapportée est attribuée pour tout ou partie à un cohéritier non donataire (1).

279. Donation entre époux; biens présents. — La donation entre époux de biens présents faite pendant le mariage, ayant le caractère d'une donation entre vifs bien qu'elle soit révocable, il n'y a pas lieu de déclarer les biens compris dans cette donation, lorsque l'époux donateur décède sans l'avoir révoquée (2).

280. Ibid.; biens à venir. — Mais la donation entre époux de biens à venir n'emportant aucun dessaisissement des objets donnés est soumise à l'impôt de mutation par décès.

281. Ibid.; usufruit. — Lorsque l'époux survivant est donataire ou légataire de l'usufruit des biens du conjoint prédécédé, il faut, pour le calcul de ses droits, distinguer deux cas : ou la disposition est restreinte aux biens que le prémourant laissera au décès, et alors la jouissance porte uniquement sur les biens existant à cette époque; ou elle s'applique à la totalité des biens qui, relativement aux héritiers, doivent composer la masse, et dans ce cas on doit, pour calculer l'importance de l'usufruit sujet à l'impôt, rapporter fictivement les biens ou la valeur des biens donnés entre vifs par l'époux décédé; ce qui, dans les deux cas, est interprété par les tribunaux (3).

282. Rapport fictif. — Décidé, à ce sujet, que le rapport fictif du don doit avoir lieu, quand la disposition porte sur les biens *qui composeront la succession* du disposant (4), alors même qu'il serait ajouté : *sans* exception (5); — ou sur la *quotité disponible* (6). — Mais qu'il en est autrement quand elle est des biens que le disposant *laissera* à son décès (7), — ou qui composeront sa succession au jour de son décès (8), — ou seulement *des biens du disposant* (9).

283. Conjoint survivant. — Usufruit. — Calcul. — L'usufruit accordé à l'époux survivant par l'art. 767 C. civ., *supra* n° 16, se calcule sur une masse formée de tous les biens existants au décès, à laquelle on réunit fictivement les biens ayant fait l'objet de libéralités entre vifs ou testamentaires; mais quel que soit le montant des droits du conjoint résultant de ce calcul, il ne peut les exercer que jusqu'à concurrence des biens existants au décès [FORM. 29], sans que, dans aucun cas, il soit porté atteinte à la réserve, ni

---

ACTIF DE SUCCESSION.

1°.....; 2°.....; 3°..... *(Indiquer le détail.)*	» »
Montant des biens existants au décès.	10,640 »
Pour le calcul de l'usufruit revenant à Mme veuve LUCAN, il y a lieu d'effectuer le rapport fictif de :	
1° 30,000 fr. montant de la constitution de dot faite par M. LUCAN à Mlle PALIN, par imputation sur sa succession, aux termes de son contrat de mariage reçu par Me....., notaire à....., le....., ci	30,000 »
2° 30,000 fr., montant de la donation faite par avancement d'hoirie à M. LUCAN (Georges), suivant acte reçu par Me....., notaire à....., le....., ci	30,000 »
Ensemble.	70,640 »
Sur laquelle somme, Mme veuve LUCAN a droit au quart en usufruit	17,660 »

Mais l'usufruit de Mme veuve LUCAN se trouve réduit à 10,640 fr., montant des biens existants au décès.

---

(1) Garnier, *Suc.*, 841; Cass., 28 oct. 1889; Rép. Defrénois, 5195. Voir sol., 9 mars 1872, 29 avril et 24 juin 1876.

(2) Cass., 31 août 1853; sol., 27 oct. 1877.

(3) Inst., 1577-12; Morlaix, 6 juill. 1856; Argentan, 18 déc. 1856; Saint-Etienne, 11 fév. 1857. Voir Compiègne, 31 mai 1867; Abbeville, 31 août 1874.

(4) Cass., 8 janv. 1834; Seine, 11 juin 1836, 27 avril 1842, 3 mai 1863; Orléans, 24 mars 1843; Le Mans, 30 mars 1849; Evreux, 5 juillet 1876; Dreux, 9 septembre 1884; Cass., 14 décembre 1885; Rép. Defrénois, 2873, 3211.

(5) Montmorillon, 15 mai 1878; Soissons, 22 déc. 1886; Rép. Defrénois, 4229.

(6) Seine, 15 mai 1863; Douai, 21 juill. 1869; Toulon, 17 déc. 1874; Nogent-le-Rotrou, 4 mai 1877.

(7) Dél., 31 déc. 1852; Fontainebleau, 14 fév. 1867; Orléans, 23 janv. 1869; Lille, 30 nov. 1877.

(8) Tours, 4 mars 1882; Rép. Defrénois, 943.

(9) Pontarlier, 13 mars 1866.

aux droits de retour légal ou conventionnel (Loi 9 mars 1891 ; C. civ., 767, § 6 et 7) (1).

284. Ibid. — Libéralité. — Imputation. — Les libéralités faites par l'époux prédécédé doivent être imputées sur son usufruit, en les évaluant d'après les règles de la loi fiscale. Ainsi, lorsque l'époux survivant est donataire d'une rente viagère, c'est le capital de cette rente au denier dix qui doit être imputé sur l'usufruit légal (2) [FORM. 30].

285. Dot constituée. — Lorsque les père et mère ont constitué solidairement à l'enfant commun une dot imputable sur la succession du premier mourant, cette constitution entraîne, à l'égard de l'époux survivant, renonciation à exercer la donation en usufruit de moitié que son conjoint lui a faite, par leur contrat de mariage, sur la dot constituée ; de sorte qu'au décès du premier mourant, le droit de mutation résultant de la donation en usufruit ne doit être calculé que sur l'excédent de la part de l'enfant doté dans la succession (3). Mais pour calculer la quotité de l'usufruit sur laquelle cette déduction a lieu, on réunit fictivement le montant de la dot à l'actif de la succession du défunt (4).

286. Préciput. — Le préciput stipulé, sous le régime de communauté, au profit de la femme survivante constituant une convention de mariage, n'est pas assujetti aux droits de succession, si la veuve accepte la communauté ; il en est de même de la clause d'un contrat de mariage attribuant à l'époux survivant l'usufruit de la part du prémourant même sans réserver aux héritiers de ce dernier la reprise de ses apports (5).

287. Ibid. ; masse insuffisante. — Aucun droit de mutation par décès n'est dû également sur le préciput, lorsque la succession du mari le supporte en raison de l'insuf-

---

DROITS A DÉCLARER.

I. Mme veuve DUBOIS, 3 p. 100 sur 5,320 fr. représentant la valeur en propriété de l'usufruit de 10,640 fr.		159 60
Double décime et demi		39 90
Ensemble		199 50
II. Héritiers, 1 p. 100 sur 10,640 fr.	106 40	
Double décime et demi	26 60	
Ensemble	133 »	133 »
Timbre de quittance		» 25
Montant des droits à payer		332 75

FORMULE 30. — Conjoint survivant en concours avec héritiers. — Libéralité. — Imputation (N° 284).

Même espèce qu'en la formule précédente, si ce n'est que Mme veuve LUCAN *est donataire aux termes de son contrat de mariage, d'une rente viagère de* 1,400 *fr.*

ACTIF DE SUCCESSION.

1°.....; 2°.....; 3°..... *(Indiquer le détail.)*	» »
Total	80,920 »
Dont le quart en usufruit revenant à Mme veuve LUCAN est de	20,230 »

LIQUIDATION POUR L'ACQUIT DES DROITS DE MUTATION.

I. Mme *veuve* LUCAN.

Elle a droit au quart en usufruit de la succession, soit	20,230 »
A reporter	20,230 »

---

(1) Ch. Defrénois, *Hérédité entre époux*, nos 50, 54, 55, 83, 94, 105.
(2) Sol., 14 janv. 1892 ; Rép. Defrénois, 6553.
(3) Soissons, 10 avril 1867.
(4) Evreux, 5 juill. 1872 ; sol., 2 juill. 1881 ; Rép. Defrénois, 732.
(5) Cass., 1er août 1855 ; Douai, 12 avril et 14 juill. 1865 ; Lille, 28 mars 1885 ; Rép. Defrénois, 1068-11, 3255. CONTRA : Cass., 24 déc. 1850, 7 déc. 1870, 15 janv. et 22 juill. 1872, 9 fév. 1875, 5 juill. 1876.

fisance des biens communs; la perte éprouvée par la succession étant une conséquence de la loi que se sont faite les parties (1).

288. Ibid.; femme renonçante. — Quant au préciput exercé par la femme renonçante sur les biens personnels de son mari prédécédé, il constitue un avantage entre époux, passible du droit de mutation par décès (2).

§ 2. *Régime matrimonial.*

I. Communauté.

289. Droits dans la communauté. — Lorsque le défunt est marié sous un régime de communauté ou de société d'acquêts, la déclaration de sa succession doit comprendre la part lui revenant dans les biens communs calculée sur l'actif brut de la communauté, sans défalquer le passif (3). Les héritiers ne sauraient se refuser à en faire la déclaration, sous le prétexte que la communauté n'est pas liquidée et que le passif est supérieur à l'actif (4).

290. Etablissement des reprises et des récompenses. — Avant de procéder à la liquidation de la communauté, il faut, comme opération préliminaire, établir les reprises que chacun des époux est en droit de prélever sur l'actif de communauté et les récompenses qu'ils doivent à la communauté.

1° *Reprises.*

291. Prélèvement. — Lors de la dissolution de la communauté, chaque époux

---

Report.		20,230 »
Sur laquelle quotité il y a lieu d'imputer la rente viagère de 1,400 fr. représentant au denier dix un capital de.		14,000 »
Il reste pour l'usufruit de Mme veuve Lucan		6,230 »
Les droits de mutation doivent donc être calculés sur :		
1° 14,000 fr., capital de la rente viagère, ci		14,000 »
2° 3,140 fr., moitié de la valeur de l'usufruit étant de 6,230 fr., ci		3,140 »
Ensemble.		17,140 »

II. *Héritiers.*

Les héritiers ont droit conjointement à		80,920 »
A déduire : le capital de la rente viagère.		14,000 »
Reste		66,920 »

DROITS A PAYER.

I. Mme veuve Lucan, 3 p. 100 sur 17,140 fr. à		514 20
Double décime et demi		128 55
Ensemble.		642 75
II. Héritiers, 1 p. 100 sur 66,920 fr. ci	669 20	
Double décime et demi .	167 30	
Ensemble.	836 50	836 50
Timbre de quittance		» 25
Montant des droits à payer		1,479 50

FORMULE 31. — Communauté légale. — Veuve commune et donataire en usufruit. — Héritiers collatéraux. — Reprises. — Récompenses (Nos 291 à 309).

M. Malier (Louis), en son vivant cultivateur, demeurant à....., est décédé en son domicile le....., laissant :

---

(1) Rép. Defrénois, 1883-9, 2061-1. Contra : Cass., 12 juin 1872.
(2) Tonnerre, 10 fév. 1873.
(3) Garnier, *Suc.*, 1208; dél., 11 sept. 1829; Langres, 23 déc. 1842.
(4) Murat, 10 déc. 1885; Rép. Defrénois, 3351.

ou son héritier a le droit de prélever : 1° Ses biens personnels qui ne sont point entrés en communauté s'ils existent en nature ou ceux qui ont été acquis en remploi, c'est ce qui constitue la reprise en nature; 2° le prix de ses immeubles qui ont été aliénés pendant la communauté et dont il n'a point été fait remploi; 3° les indemnités qui lui sont dues par la communauté (C. civ., 1470) (1); ces deux derniers cas constituent la reprise en deniers.

292. Déduction. — L'époux survivant et les héritiers de l'époux prédécédé exerçant leurs reprises sur les biens communs à titre de copropriétaires, les reprises, dûment constatées, *infra* n° 295, doivent être déduites de l'actif de la communauté (2) [Form. 33], sauf à compenser jusqu'à due concurrence avec les récompenses dont les époux peuvent être débiteurs, *infra* n° 318.

293. Epoux survivant. — Les reprises de l'époux survivant, alors même qu'elles ont pour objet le prix de l'aliénation d'un usufruit (3), se prélèvent sur les biens de la communauté pour la fixation de l'émolument revenant au prédécédé.

Mme Duval (Henriette), son épouse survivante, avec laquelle il était commun en biens à défaut de contrat de mariage ayant précédé leur union, célébrée à la mairie de....., le.....,

Donataire de l'usufruit de l'universalité des biens dépendant de la succession de son mari, aux termes d'un acte reçu par Me....., notaire à....., le.....

Et pour héritiers, chacun pour moitié :

1° M. Malier (Vincent), son frère germain, menuisier, demeurant à.....;

2° M. Malier (Victor), menuisier, demeurant à....., son neveu, par représentation de M. Malier (Pierre), son père décédé, frère germain du *de cujus*,

Ainsi que le constate un acte de notoriété reçu par Me....., notaire à....., le.....

LIQUIDATION DES REPRISES.

I. *Mme veuve* Malier. — Ses reprises consistent en :

1° 246 fr., prix payé comptant d'une pièce de terre à elle propre, vendue à M....., suivant acte devant Me....., notaire à....., du....., ci . . . . 246 »

2° 680 fr., prix payé comptant d'une autre pièce de terre, vendue à M....., suivant acte reçu par Me....., notaire à....., le....., ci . . . . 680 »

Ensemble. . . . . 926 »

On en déduit les récompenses par elle dues à la communauté, savoir :

1° 233 fr., prix payé comptant d'une servitude de passage, à elle concédée par M. Noiret relativement à un immeuble propre à cette dame, suivant acte reçu par Me....., notaire à....., le....., ci . . . . 233 »

2° 80 fr., pour frais de partage et droits de succession applicables aux immeubles recueillis dans la succession de sa mère, ci. . . . . 80 »

Ensemble. . . . . 313 » 313 »

Ce qui réduit les reprises de Mme veuve Malier à . . . . 613 »

II. *Succession de* M. Malier. — Les reprises de la succession sont de 1,600 fr., pour le prix d'une pièce de terre située à....., vendue à M....., suivant acte reçu par Me....., notaire à....., le....., payé par quittance, devant le même notaire, du.....

ACTIF DE LA COMMUNAUTÉ.

I. *Actif mobilier :*

1° Mobilier décrit et estimé en l'état ci-joint . . . . 2,440 »

2° Deniers comptants. . . . . 750 »

3° 65 fr. de rente 3 p. 100 sur l'Etat, en un certificat n° 72708 de la 3e série, représentant au cours de....., une somme de . . . . 2,120 »

Total. . . . . 5,310 »

---

(1) Voir Falaise, 14 janv. 1880; Rép. Defrénois, 131.

(2) Garnier, *Suc.*, 1261; Dict. Réd., *Suc.*, 1959; déc. min. fin., 18 juillet 1817; Cass., 13 décembre 1864; instr. 2366-1.

(3) Joigny, 13 fév. 1868.

294. Epoux prédécédé. — Quant aux reprises de l'époux prédécédé, elles sont déduites de la masse de la communauté, mais elles constituent un actif de l'hérédité, et, à ce titre, doivent être comprises dans la déclaration de sa succession (1).

295. Justification. — Pour que l'exercice des reprises puisse être admis par la régie, il faut que leur existence soit justifiée au receveur, comme elle l'est en matière de partage, au moyen de documents sérieux, dont l'appréciation appartient aux tribunaux (2). Il est indifférent, quand les reprises pour recouvrement ou aliénation des propres sont justifiées, qu'elles aient pour objet des biens en France ou situés à l'étranger (3).

296. Ordre. — A défaut de convention spéciale, les reprises des époux s'exercent conformément aux règles tracées par l'art. 1471 C. civ., c'est-à-dire d'abord sur l'argent comptant, ensuite sur le mobilier et subsidiairement sur les immeubles de la communauté. Décidé en ce sens que la veuve, attributaire d'un préciput à titre de convention de mariage, ne peut, à moins de stipulation contraire, demander que les reprises soient réparties sur les meubles et les immeubles (4). Toutefois il en serait autrement, si les héritiers de la

Report		5,310 »
Reprises à déduire : Mme veuve MALIER	613 »	
Succession de M. MALIER	1,600 »	
Ensemble	2,213 »	2,213 »
Reste		3,097 »
Dont moitié est de		1,548 50

II. *Actif immobilier, en biens ruraux :*	Revenu impôt compris.
1° 68 ares 25 centiares de terre en labour, sis commune de....., lieudit.....	80 »
2° 92 ares 16 centiares de terre en labour, même commune, lieudit......	110 »
3° Un pré contenant 64 ares, sis commune de....., lieudit......	80 »
Total	270 »
Dont moitié est de	135 »

SUCCESSION DE M. MALIER.

I. *Actif mobilier :*	
1° Moitié du bénéfice de la communauté	1,548 50
2° Ses reprises	1,600 »
Total	3,148 50

II. *Actif immobilier :*	Revenus impôts compris. Biens urbains.	Biens ruraux.
1° Moitié des immeubles de communauté		135 »
2° Une maison située à....., rue....., louée verbalement, sans charge d'impôts, à M....., moyennant un loyer annuel de	250 »	
2° 1 hectare 12 ares de terre en labour, sis commune de....., lieudit..... .		109 »
4° Un herbage, sis commune de...... lieudit....., contenant 80 ares 60 centiares		112 »
5° Une vigne, sise commune de....., lieudit....., contenant 72 ares. . . .		168 »
Total des revenus	250 »	524 »

ASSIETTE DU DROIT.

I. *Mme veuve* MALIER. — Mobilier, sur moitié de 3,148 fr. 50, soit	1,574 25
Immeubles, sur 250 fr., capitalisés au denier 10	2,500 »
— sur 524 fr., capitalisés au denier 12 1/2	6,550 »
Total	10,624 25

(1) Garnier, *Suc.*, 1262-1; Dict. Réd., *Suc.*, 1960; Limoges, 29 mai 1850; Le Mans, 8 juin 1855.

(2) Dict. Réd., *Comm.*, 778 et suiv.

(3) Seine, 22 fév. 1873; sol., 28 août 1879. CONTRA : Saint-Jean-d'Angély, 27 déc. 1867; Avesnes, 4 déc. 1868; Montargis, 9 mars 1869.

(4) Béthune, 7 août 1868.

femme, usant du droit qui leur a été reconnu (1), préféraient abandonner les biens au mari afin de recevoir les reprises en argent.

297. Assurance sur la vie. — Lorsqu'il dépend de la communauté une assurance sur la vie, les reprises que les époux peuvent avoir à exercer doivent être prélevées d'abord sur les valeurs de la communauté et, seulement dans le cas, où elles seraient supérieures aux biens commun, sur le capital assuré (2) [Form. 35].

298. Préférence. — La femme exerçant ses reprises en deniers avant celles de son mari, il y a lieu d'établir tout d'abord les reprises de la femme.

299. Biens du mari. — Quand les biens de la communauté sont insuffisants pour

---

II. *Héritiers.* — Mobilier, sur		3,148 50
Immeubles, sur 250 fr., capitalisés au denier 20		5,000 »
— sur 524 fr., capitalisés au denier 25		13,100 »
Total		21,248 50

DROITS A PAYER.

Mme veuve Malier : sur 10,640 fr., à 3 fr. p. 100		319 20
Double décime et demi		79 80
Ensemble		399 »
Héritiers : sur 21,260 fr., à 6 fr. 50 p. 10	1,381 90	
Double décime et demi	345 48	1,727 38
Timbre de quittance		» 25
Total des droits à payer		2,126 63

FORMULE 32. — Communauté légale. — Veuve commune et usufruitière. — Déclaration basée sur celle faite après le décès du mari (No 303).

Mme Duval (Henriette), veuve de M. Louis Malier, cultivatrice, demeurant à....., est décédée en son domicile, le....., laissant pour seul héritier M. Duval (Auguste), son neveu, vigneron, demeurant à.....

La déclaration de succession après le décès de M. Malier, son mari, a été reçue en ce bureau le..... M. Duval déclare que la situation est la même et que la présente déclaration doit être faite sur les bases de la précédente, à laquelle il est référé.

ACTIF DE COMMUNAUTÉ.

1° Moitié du bénéfice de communauté		1,548 50
2° Reprises de Mme veuve Malier		613 »
3° Moitié des revenus des immeubles, 135 fr., soit au denier 25		3,375 »
IMMEUBLES DE SUCCESSION, TOUS RURAUX.	Revenus impôts compris	
4° Une maison située à....., rue..... n°....., élevée sur un terrain en cour et jardin, contenant 40 ares	120 »	
5° 65 ares 50 centiares de terre en labour, sis commune de....., lieudit....	48 »	
6° 78 ares 83 centiares de même terre, même commune, lieudit.....	54 »	
Total	222 »	
Capital au denier 25		5,550 »
Ensemble		11,086 50
On déduit de cette somme celle de 1,574 fr. 25, recueillie en usufruit dans la succession de son mari, ci		1,574 25
Reste une somme de		9,512 25

---

(1) Cass., 8 déc. 1864.

(2) Ch. Defrénois, *Assurance sur la vie*, n° 726; sol., 4 avril 1878; Nancy, 20 mai 1891.

le prélèvement de ses reprises, la femme peut réclamer le surplus de ses reprises sur les biens personnels de son mari, en vertu de l'art 1472; mais, dans ce cas, elle n'a qu'un droit de créance garanti par son hypothèque légale, ce qui constitue une charge non susceptible d'être déduite de la succession du mari (1). Mais, si c'est la femme qui est prédécédée, il y a lieu de comprendre dans la déclaration de sa succession la créance qu'elle a contre son mari pour le payement de ses reprises (2), sans que le mari, dans le cas où il serait légataire universel de sa femme, puisse être recevable à renoncer à ces reprises (3).

300. Déclaration négative. — Si le mari ne possède aucun bien en propre et que les reprises de la femme survivante absorbent la totalité de l'actif de la communauté, aucun

DROITS A PAYER.

Sur 9,520 fr., à 6 fr. 50 p. 100	618 80
Double décime et demi	154 70
Timbre de quittance	» 25
Total des droits à payer	773 75

FORMULE 33. — Communauté d'acquêts. — Veuve commune en biens et ayant droit, comme survivante, à l'usufruit du quart. — Enfants (Nos 291 à 309).

M. Dubois (Henri), en son vivant rentier, demeurant à....., est décédé en son domicile le....., laissant :

Mme Vincent (Alice), son épouse, avec laquelle il était marié sous le régime de la communauté réduite aux acquêts, aux termes de leur contrat de mariage reçu par Me....., notaire à....., le....., comme ayant droit, en vertu de l'art. 767 du Code civil, à l'usufruit du quart des biens de la succession;

Et pour héritiers, ses fils et fille ci-après nommés, issus de leur mariage :

Mlle Dubois (Henriette), sans profession, demeurant à.....;

Et M. Dubois (Georges), étudiant en droit, demeurant à.....,

Ainsi que ces qualités sont constatées en l'inventaire dressé après le décès de M. Dubois, par Me....., notaire à....., le.....

LIQUIDATION DES REPRISES.

I. *Reprises de Mme veuve* Dubois. — Elles consistent en :		
1o 20,000 fr., montant de ses apports en mariage et dot en effets et numéraire, ci.		20,000 »
2o 1,940 fr., pour 4 obligations de la compagnie des chemins de fer d'Orléans, nos 65406 à 65409, à elle propres et sorties au tirage de 1885, soit impôts déduits . .		1,940 »
3o 45,900 fr. provenus de la succession de M. Vincent, son père, liquidée suivant acte reçu par Me....., notaire à....., le....., formés de 25,000 fr. de numéraire, plus 20,900 fr. en principal et intérêts jusqu'au décès, dus par M. Henriot et remboursés suivant quittance reçue par Me....., notaire à....., le....., ci		45,900 »
4o 30,000 fr., pour le prix d'une maison située à....., propre à Mme Dubois, vendue à M. Moinet suivant contrat reçu par Me....., notaire à....., le....., et payée par quittance devant le même notaire du....., ci		30,000 »
Ensemble.		97,840 »
On en déduit les sommes suivantes, dont Mme veuve Dubois doit récompense :		
1o 220 fr. pour le coût de l'enregistrement et des honoraires des donations qui lui ont été faites par son contrat de mariage, ci.	220 »	
2o 6,940 fr., montant d'une soulte de partage mise à sa charge aux termes de la liquidation de la succession de M. Vincent, son père, dressée par Me....., notaire à....., le....., et payée suivant quittance devant le même notaire du....., ci.	6,940 »	
A reporter.	7,160 »	97,840 »

(1) Garnier, *Suc.*, 1264; Dict. Réd., *Suc.*, 1962; Cass., 10 mai 1884.

(2) Garnier, *Suc.*, 1264-1; Dict. Réd., *Suc.*, 1962; Limoges, 29 mai 1850.

(3) Saint-Amand, 12 juill. 1888; Rép. Defrénois, 5230.

droit de succession n'est dû ; cependant il est nécessaire, même dans ce cas, de faire une déclaration pour constater l'existence des reprises de la femme [Form. 34].

301. Renonciation à communauté. — En cas de renonciation par la femme survivante à la communauté, ses reprises ne peuvent être déduites de la succession de son mari pour le payement des droits de succession, puisque, n'ayant plus aucun droit sur les biens de la communauté, elle n'exerce ses reprises qu'en qualité de créancière (1).

302. Reprises en nature. — La femme, même renonçante, conserve le droit de prélever ses reprises en nature. A l'égard de la dot constituée en numéraire, la reprise en nature peut être effectuée toutes les fois qu'il existe dans la succession du mari une somme d'argent suffisante, ou, à défaut, des valeurs en tenant lieu comme des titres au porteur (2).

303. Communauté non liquidée. — Si le survivant des époux décède avant le partage définitif de la communauté, il est nécessaire pour la déclaration de succession de

Reports.	7,160 »	97,840 »
3° 15,720 fr., formant la part de ses cohéritiers dans le prix de licitation d'une maison située à....., adjugée à Mme Dubois, suivant procès-verbal d'adjudication dressé par Me....., notaire à....., le....., et payée suivant quittance, devant le même notaire, du....., ci	15,720 »	
4° 2,400 fr., pour droits de succession après le décès de M. Vincent, frais de partage et de licitation, ci	2,400 »	
Ensemble.	25,280 »	25,280 »
Ce qui réduit les reprises de Mme Dubois à une somme de.		72,560 »
II. *Reprises de la succession de* M. Dubois. — Elles consistent en :		
1° 45,000 fr. pour ses apports en mariage et dot, en effets mobiliers et numéraire, ci.		45,000 »
2° 22,020 fr., montant de ses attributions en numéraire par la liquidation de la succession de M. Dubois, son père, opérée suivant acte reçu par Me....., notaire à....., le....., ci		22,020 »
Ensemble.		67,020 »
On en déduit les sommes suivantes, dont la succession doit récompense :		
1° 620 fr., montant des frais d'enregistrement et honoraires applicables à la dot à lui constituée par son contrat de mariage, ci.	620 »	
4° 306 fr. 50 pour les droits de mutation par décès payés le....., au bureau de....., après le décès de M. Dubois, son père, ci.	306 50	
Ensemble.	926 50	926 50
Ce qui réduit les reprises de la succession à une somme de		66,093 50

ACTIF DE COMMUNAUTÉ.

1° Mobilier prisé en l'inventaire, ci	12,608 »
2° Deniers comptant, ci	4,500 »
3° 4,600 fr. de rente 3 p. 100 sur l'Etat français, en un certificat n° 234297, série 8, représentant au cours de 96 fr. une somme de.	147,200 »
4° 10 obligations de la Ville de Paris (1871), nos 17571 à 17580, en un certificat n° 44375, représentant au cours de 409 fr. une somme de	4,090 »
5° 20 obligations, nos 5641 à 5660, de la compagnie Paris-Lyon-Méditerranée (1866), en un certificat n° 235054, représentant au cours de 441 fr. 62 une somme de .	8,832 40
6° Créance hypothécaire de 50,000 fr., due par M. Louis Dumont, suivant acte reçu par Me....., notaire à....., le....., ci	50,000 »
7° Prorata d'intérêts depuis le..... jusqu'au décès, ci	800 »
A reporter.	228,030 40

(1) Garnier, *Suc.*, 1263 ; Dict. Réd., *Suc.*, 1963; Cass., 21 août 1861 et 30 nov. 1869 ; Vitry-le-François, 9 mai 1867; Seine, 18 juin 1880 ; Château-Thierry, 9 mars 1887; Rép. Defrénois, 128, 4171.

(2) Garnier, *Suc.*, 1268-2; Dict. Réd., *Suc.*, 1971; Seine, 18 juin 1880; sol., 27 fév. 1882; Lyon, 12 juill. 1882; Rép. Defrénois, 731, 1008.

rétablir la communauté, et les droits de mutation sont dus sur les reprises du survivant et sur la moitié de ce qui reste de l'actif après prélèvement des reprises des époux (1) [FORM. 32].

304. Cession. — Lorsque, pour garantie d'une dette contractée solidairement avec son mari, la femme a cédé une somme à prendre sur ses reprises, l'indemnité lui revenant comme caution de son mari forme, après sa mort, une valeur de sa succession, passible de l'impôt de mutation par décès (2).

2° *Récompenses.*

305. Communauté. — Les époux doivent récompense à la communauté des sommes dont ils se trouvent débiteurs envers elle par application de l'article 1437.

306. Epoux survivant. — Les récompenses dues par l'époux survivant à la com-

Report		228,030 40
8° Prorata d'intérêts et arrérages courus au jour du décès des valeurs ci-après, propres à Mme DUBOIS :		
10 actions de la Banque de France, depuis le....., ci.	850 »	
20 obligations de la compagnie des chemins de fer d'Orléans, depuis le....., ci.	215 »	
50 fr. de rente 3 p. 100, depuis le....., ci.	5 »	
Ensemble	1,070 »	1,070 »
9° Prorata de loyers depuis le..... jusqu'au décès, de la maison sise à....., propre à Mme DUBOIS, ci		400 »
10° Prorata d'intérêts et d'arrérages courus au jour du décès, des valeurs ci-après, propres à M. DUBOIS :		
3,300 fr. de rente 3 p. 100 sur l'Etat français depuis le....., ci . . .	600 »	
100 obligations de la Ville de Paris (1876), depuis le....., ci	450 »	
Ensemble	1,050 »	1,050 »
Total		230,550 40
On doit considérer en outre comme dépendant de la communauté, au point de vue de la liquidation de l'impôt de mutation par décès, une assurance de 100,000 fr. contractée par M. DUBOIS au profit de sa femme à la compagnie *la Providence* dont le siège est à Paris, rue..... n°....., suivant police en date du....., ci		100,000 »
Ensemble		330,550 40
A déduire :		
Reprises de Mme veuve DUBOIS	72,560 »	
Reprises de la succession de M. DUBOIS	66,093 50	
Ensemble	138,653 50	138,653 50
Reste		191,896 90
Dont moitié pour la succession est de		95,948 45

ACTIF DE SUCCESSION.

1° Moitié de la communauté.		95,948 45
2° Reprises en deniers de la succession		66,093 50
3° 3,300 fr. de rente 3 p. 100 en un certificat nominatif n° 4810 de la série 4, représentant au cours de 93 fr. 33 une somme de	102,663 »	
A déduire : prorata d'arrérages courus au jour du décès	600 »	
Reste	102,063 »	102,063 »
A reporter		264,104 95

(1) Lille, 20 avril 1883. Voir cep. Verdun, 8 fév. 1887; Rép. Defrénois, 1937, 4464.

(2) Murat, 10 déc. 1885; Rép. Defrénois, 3389.

munauté constituent une dette à la charge de cet époux et un actif en faveur de la communauté, assujetti au droit, comme toute autre créance, pour la part revenant à la succession (1).

307. Epoux décédé. — Mais quand la récompense est due par l'époux décédé, elle constitue une valeur fictive qui doit être déduite de sa part dans les biens communs pour liquider l'impôt de mutation par décès. Si cette part est insuffisante, la déduction ne peut être opérée sur les biens propres (2).

308. Compensation; reprises. — Lorsque les époux ou l'un d'eux ont des reprises à exercer, il y a lieu de les compenser jusqu'à due concurrence avec les récompenses qu'ils doivent. Le reliquat de ce compte est seul à considérer pour l'établissement de la masse (3).

309. Entre époux. — La récompense due par un époux à son conjoint, comme par

Report.		264,104 95
4° 100 obligations n°s 14570 à 14669 de la ville de Paris (1876) en un certificat n° 18940 représentant au cours de 525 fr. une somme de	52,500 »	
A déduire : prorata d'intérêts courus au jour du décès	450 »	
Reste	52,050 »	52,050 »
Montant de l'actif de succession		316,154 95
Dont le quart est de		79,038 74
Reste pour les trois quarts de surplus		237,116 21

LIQUIDATION POUR L'ACQUIT DES DROITS DE MUTATION.

I. Mme *veuve* Dubois.

Mme veuve Dubois a droit :	
Au quart en usufruit de la succession, soit	79,038 74
Sur laquelle quotité il y a lieu d'imputer la moitié de l'assurance dépendant de la succession de M. Dubois et revenant à sa femme en qualité de donataire, soit	50,000 »
Il reste pour l'exercice des droits en usufruit de la veuve	29,038 74
Les droits de mutation doivent donc être calculés sur :	
1° 50,000 fr. en toute propriété, ci	50,000 »
2° 29,038 fr. 74 en usufruit, soit moitié ou 14,519 fr. 37 pour l'acquit des droits, ci.	14,519 37
Ensemble	64,519 37

II. *Héritiers.*

Les héritiers ont droit conjointement à :	
1° Trois quarts en toute propriété, soit	237,116 21
2° 29,038 fr. 74 en nue propriété soumis à l'usufruit de Mme veuve Dubois, ci	29,038 74
Ensemble	266,154 95

DROITS A PAYER.

I. Mme veuve Dubois, sur 64,520 fr., à 3 p. 100		1,935 60
Double décime et demi		483 90
Ensemble		2,419 50
II. Héritiers, sur 266,160 fr., à 1 p. 100	2,661 60	
Double décime et demi	665 40	
Ensemble	3,327 »	3,327 »
Timbre de quittance		» 25
Total des droits à payer		5,746 75

(1) Dict. Réd., *Suc.*, 1890; Cass., 21 août 1861, 30 nov. 1869; Vitry-le-François, 9 mai 1867.

(2) Dict. Réd., *Suc.*, 1892; sol., 24 déc. 1879; Rép. Defrénois, 1619-13, 3405-20, 5110-4, 6189-13.

(3) Dict. Réd., *Suc.*, 1889.

exemple la dot constituée à l'enfant commun, payée avec des deniers personnels de l'un d'eux en acquit de l'autre, a le caractère d'une dette non susceptible d'être déduite de la succession de l'époux débiteur pour la liquidation du droit de mutation par décès (1). Mais si l'époux qui a fourni les fonds prédécède, la récompense constitue une créance active qui doit être comprise dans la déclaration de succession (2).

3° *Liquidation de la communauté.*

310. Règles du droit civil. — Après avoir procédé à l'établissement des reprises et des récompenses, il y a lieu de liquider la communauté ayant existé entre les époux, afin de déterminer la part revenant à la succession, qui est assujettie aux droits de mutation par décès. Cette liquidation s'effectue d'après les règles du droit civil. Comme les explica-

---

FORMULE 34. — Communauté d'acquêts. — Reprises de la veuve absorbant l'actif de communauté. — Aucun actif de succession. — Déclaration négative (N° 304).

Mêmes qualités qu'en la formule précédente.

LIQUIDATION DES REPRISES ET RÉCOMPENSES.

I. Mme *veuve* DUBOIS.

Mme veuve DUBOIS a le droit d'exercer les reprises en deniers ci-après : *(Indiquer le détail.)*		» »
Ensemble		25,840 »
A déduire les récompenses ci-après : *(Indiquer le détail.)*	» »	
Ensemble	4,750 »	4,750 »
Reste pour les reprises en deniers de Mme veuve DUBOIS . . .		21,090 »

II. *Succession de* M. DUBOIS.

La succession de M. DUBOIS n'a aucune reprise à exercer et ne doit aucune récompense à la communauté.

ACTIF DE COMMUNAUTÉ.

1° Mobilier prisé en l'inventaire	1,200 »
2° Deniers comptants	440 »
3° 4 obligations de la ville de Paris (1875) nos 45840 à 45843, en un certificat n° 10540, représentant au cours de 530 fr. un capital de	2,120 »
4° Un titre de 25 fr. de rente 3 p. 100 sur l'Etat français, n°..... série....., représentant au cours de 94 fr. 50 un capital de	787 50
Montant de l'actif de communauté.	4,547 50
Les reprises de Mme veuve DUBOIS étant de	21,090 »
Il en résulte un déficit de	17,542 50

La totalité de l'actif de communauté étant absorbée par les reprises de la veuve, et d'un autre côté, comme il n'existe aucun immeuble de communauté et que la succession ne possède aucun bien, la déclaration est négative; il n'est donc dû aucun droit de mutation.

FORMULE 35. — Communauté d'acquêts. — Reprises supérieures à l'actif de communauté.— Assurance en cas de décès. — Femme bénéficiaire (Nos 297 à 314).

Mêmes qualités qu'en la formule 33.

LIQUIDATION DES REPRISES ET RÉCOMPENSES.

1° Mme *veuve* DUBOIS.

Les reprises en deniers de Mme veuve DUBOIS sont de :

---

(1) Dict. Réd., *Suc.*, 1893; Montargis, 22 déc. 1847; Seine, 23 juill. 1856; Brives, 28 déc. 1867; Cass., 11 août 1869; Seine, 4 mars 1861; Rép. Defrénois, 536.

(2) Sol., 7 déc. 1871; Valenciennes, 9 juill. 1880; Rép. Defrénois, 336. Voir aussi Orléans, 29 mai 1889; *Ibid.*, 5583.

tions relatives à cet objet sont contenues dans la 2e partie du titre du contrat de mariage, il est inutile de les rapporter ici ; nous nous bornerons à mentionner les règles spéciales au droit fiscal en ce qui concerne l'établissement de l'actif de la communauté.

311. Actif brut. — Le droit de succession se calcule sur la part revenant à l'époux prédécédé dans l'actif brut de la communauté, sans distraction des charges, nonobstant toute stipulation contraire. Bien que le partage entre le mari et les héritiers de la femme n'attribue à ceux-ci des biens communs que jusqu'à concurrence de leurs reprises et que le surplus des biens soit abandonné au mari à la charge d'acquitter le passif, les droits de succession ne sont pas moins exigibles sur la moitié des biens restés libres après la déduction des reprises (1).

312. Fruits civils ; valeurs de bourse. — Les fruits civils s'acquérant jour par jour, les proratas des arrérages des rentes ou des créances appartenant en propre à chacun des époux doivent être compris dans l'actif de la communauté ; à l'égard des valeurs de bourse, on distrait du cours le prorata des intérêts et arrérages de ces valeurs au jour du décès (2).

(Indiquer le détail.)			»	»
Ensemble.			49,850	»
De quoi l'on déduit les récompenses dues à la communauté par Mme veuve Dubois, savoir :				
(Indiquer le détail.)	»	»	»	»
Ensemble.	9,850	»	9,850	»
Ce qui réduit les reprises en deniers de Mme veuve Dubois à			40,000	»

2° *Succession de* M. Dubois.

La succession de M. Dubois a le droit d'exercer les reprises ci-après :		
(Indiquer le détail.)	75,000	»
Aucune récompense n'est due à la communauté par la succession de M. Dubois.		

ACTIF DE COMMUNAUTÉ.

1°.....	»	»
2°.....	»	»
3°.....	»	»
Ensemble.	80,000	»
En réunissant à l'actif de communauté la somme de 50,000 fr., montant d'une assurance contractée par M. Dubois au profit de sa femme, à la compagnie *la Providence*, dont le siège est à Paris, rue..... n°....., suivant police en date du....., ci	50,000	»
On trouve pour l'actif total de la communauté.	130,000	»

Pour la liquidation des droits de mutation par décès, les époux doivent prélever leurs reprises d'abord sur l'actif de la communauté ordinaire, et subsidiairement sur le montant du capital assuré.

L'actif ordinaire de la communauté est de	80,000	»
Les reprises de Mme veuve Dubois se montent à	40,000	»
Il reste pour l'exercice des reprises du mari.	40,000	»
Comme les reprises de celui-ci sont de	75,000	»
Il doit prélever sur le capital assuré	35,000	»
Le capital assuré s'élevant à	50,000	»
Il reste la somme de	15,000	»
Composant l'actif commun à partager	1/2	
Soit moitié à la succession.	7,500	»

(1) Sol., 23 mars 1878.

(2) Garnier, *Suc.*, 904-6 ; sol., 4 août 1869.

313. Assurance sur la vie ; tiers bénéficiaires. — Lorsque l'assurance a été contractée par l'assuré au profit de bénéficiaires indéterminés, par exemple, ses héritiers et ayants droits, le montant de l'assurance est considéré comme dépendant de la communauté; par suite, il doit être compris dans l'actif et soumis au prélèvement des reprises des époux et au partage entre le conjoint survivant et les héritiers du prédécédé; dans ce cas, le droit de mutation après décès n'est dû que sur la part revenant aux héritiers et autres successibles (1). Si l'assurance est faite en faveur de bénéficiaires déterminés, tels que les enfants de l'assuré, ses neveux, ou un tiers désigné, le capital assuré dépend pour la totalité de la succession et l'impôt de mutation par décès est dû sur le montant de l'assurance (2).

314. Ibid.; conjoint bénéficiaire. — Quand le bénéficiaire de l'assurance est le conjoint survivant de l'assuré avec lequel il était marié en communauté, il ne doit pas le droit sur la part qu'il prélève comme commun en biens; mais le droit est dû sur la part qu'il prélève du chef de son conjoint, en vertu de l'attribution renfermée dans la police (3) [FORM. 35]. Si le bénéficiaire de l'assurance est la veuve et qu'elle renonce à la communauté, elle y a droit du chef de son mari et le droit de mutation est dû sur la totalité du capital (4).

Mme veuve DUBOIS n'a droit sur le montant de l'assurance, comme commune en biens, qu'à.	7,500	»
Et le surplus lui revient à titre de donataire de son mari	42,500	»
Somme égale au capital assuré	50,000	»

ACTIF DE SUCCESSION.

1o Moitié de communauté	7,500	»
2o Reprises en deniers de la succession	75,000	»
Total	82,500	»

En raison de l'attribution de l'assurance au profit de la veuve, il y a lieu de fixer la quotité disponible la plus large entre époux, qui est d'un quart en propriété, soit 20,625 fr., et même somme en usufruit.

LIQUIDATION POUR L'ACQUIT DES DROITS DE MUTATION.

I. *Mme veuve* DUBOIS, comme bénéficiaire de l'assurance, a droit, en qualité de donataire, à 42,000 fr. en toute propriété.

Mais comme cette somme excède la quotité disponible entre époux, les droits de Mme veuve DUBOIS sont réduits à 20,625 fr. en toute propriété, ci	20,625	»
Et à 20,625 fr. en usufruit, représentant en propriété	10,312	50
Ensemble pour les droits à acquitter par la veuve	30,937	50
II. Les héritiers ont droit :		
En toute propriété, à	61,875	»
En nue propriété.	20,625	»
Ensemble	82,500	»

DROITS A PAYER.

I. *Mme veuve* DUBOIS, sur 30,940 fr., à 3 p. 100		928 20
Double décime et demi		232 05
Ensemble.		1,160 25
II. Héritiers, sur 82,500 fr. à 1 p. 100.	825 »	
Double décime et demi . . .	206 25	
Ensemble.	1,031 25	1,031 25
Timbre de quittance		» 25
Total des droits à payer		2,191 75

---

(1) Garnier, *Suc.*, 72; Ch. Defrénois, *Assurance sur la vie*, 710; Seine, 30 nov. 1877.

(2) Ch. Defrénois, *Ibid.*, 723; Lannion, 19 avril 1887; Rép. Defrénois, 4662. Voir cep. Garnier, *Suc.*, 722.

(3) Ch. Defrénois, *Assurance sur la vie*, 724; Garnier, *Suc.*, 723; sol., 4 avril 1878; Saint-Quentin, 28 juin 1878; Charleville, 29 août 1879; Melun, 23 déc. 1887; Rép. Defrénois, 4709.

(4) Ch. Defrénois, *Ibid.*, 725; Garnier, *Suc.*, 720; Lille, 20 déc. 1878.

315. Ibid.; renonciation. — La renonciation par le conjoint survivant au bénéfice de l'assurance a pour effet de faire tomber le capital assuré dans la communauté, et aucun droit n'est dû par l'époux bénéficiaire (1).

316. Ibid.; conjoint survivant et enfants bénéficiaires. — Lorsque l'assurance a été souscrite soit au profit de la femme et des enfants conjointement, soit pour moitié au profit de la femme et pour moitié au profit des enfants, la femme est considérée comme ayant droit à la moitié à titre de commune en biens; l'autre moitié, revenant aux enfants, est seule assujettie à l'impôt. Si l'assurance est contractée au profit de la femme pour l'usufruit et des enfants pour la nue propriété, la femme prélève moitié de l'assurance comme commune en biens et les droits ne sont dus que sur l'autre moitié, revenant en usufruit à la femme et en nue propriété aux enfants (2).

317. Assurance par deux époux au profit du survivant. — Lorsque l'assurance est faite conjointement par deux époux communs en biens au profit du survivant, elle constitue un contrat commutatif et aléatoire, et ne donne pas lieu au droit de mutation par décès; mais le survivant doit récompense à la communauté pour raison des primes et frais qu'elle a acquittés (3), et en ce qui concerne la femme survivante, alors même qu'elle a renoncé à la communauté (4) [Form. 36]. Mais si les époux ont fait cette assurance mutuelle par deux actes séparés, le droit de mutation est dû sur la part du défunt dans le capital assuré (5).

318. Assurance mixte. — En cas d'assurance mixte, *supra* n° 201, les droits de mutation par décès sont dus comme en matière d'assurance en cas de décès, *supra* n° 314, lorsque le payement des primes cesse lors du décès de l'époux souscripteur (6). Mais si les primes doivent continuer à être acquittées jusqu'à l'époque fixée pour le payement du capital assuré, il n'y a lieu de comprendre dans l'actif de la communauté que la valeur estimative de l'assurance au jour du décès du souscripteur.

FORMULE 36. — Communauté légale. — Assurance par deux époux au profit du survivant (N° 317).

Mme Davel (Louise), épouse de M. Lussac (Paul), cultivateur, avec lequel elle demeurait à....., est décédée en son domicile le....., laissant :

M. Lussac, son mari, sus-nommé, commun en biens à défaut de contrat de mariage ayant précédé leur union célébrée à la mairie de...., le....., et ayant droit, en vertu de l'art. 767 du Code civil, à l'usufruit de moitié des biens de la succession;

Et pour seuls héritiers conjointement pour le tout ses neveux et nièce ci-après nommés : 1°.....; 2°....., etc.

Ainsi que ces qualités sont constatées en l'inventaire dressé après le décès de Mme Lussac par Me....., notaire à....., le.....

LIQUIDATION DE REPRISES ET RÉCOMPENSES.

I. *Reprises.*

Les époux n'ont aucune reprise à exercer.

II. *Récompense.*

M. et Mme Lussac, durant le mariage, ont contracté à la compagnie d'assurance sur la vie *la Providence*, dont le siège est à Paris, rue..... n°....., une assurance en cas de décès pour une somme de 20,000 fr., payable lors du décès du premier mourant au survivant, moyennant une prime annuelle de 750 fr., pour la première prime être payable le....., suivant police en date du.....

(1) Ch. Defrénois, *Ibid.*, 733; Château-Thierry, 27 nov. 1885; Rép. Defrénois, 3325.
(2) Garnier, *Suc.*, 727; Ch. Defrénois, *Ibid.*, 727 à 729.
(3) Ch. Defrénois, *Ibid.*, 730; Garnier, *Suc.*, 738; Meaux, 8 mars 1877; sol., 28 fév. 1878; Cambrai, 22 août 1878.
(4) Garnier, *Suc.*, 738-2; Clermont (Oise), 16 mai 1879.
(5) Ch. Defrénois, *Ibid.*, 731; sol., 21 avril 1879; Charleville, 29 août 1879.
(6) Sol., 15 avril 1889; Rép. Defrénois, 5016.

319. Epoux assuré survivant. — L'assurance contractée par l'époux survivant, soit au profit de son conjoint prédécédé, soit au profit de ses héritiers ou ayants droit, doit être comprise dans la communauté pour sa valeur estimative au jour du décès de l'époux prédécédé (1).

320. Caisse des retraites pour la vieillesse. — Quand un époux commun en biens a effectué des versements à la caisse des retraites pour la vieillesse, la rente viagère qui y correspond et le capital réservé appartiennent pour moitié à chacun des époux à titre de propres (Loi 20 juill. 1886, art. 13). Par suite, au décès du premier mourant, le droit de mutation par décès n'est dû que sur la part revenant au défunt, même en cas de renonciation à la communauté (2).

321. Constructions. — Les constructions élevées pendant le mariage sur un terrain acquis sont réputées dépendre de la communauté et doivent être comprises dans l'actif de communauté (3).

322. Rente viagère; aliments. — Mais la rente viagère alimentaire, constituée judiciairement et à titre d'indemnité au profit d'un ouvrier blessé, ne tombe pas dans la communauté légale du crédi-rentier et, lors du décès de l'autre époux, ne donne lieu à aucun droit de mutation (4).

323. Office; propre. — L'office que le mari s'est constitué en dot lui demeure propre, bien qu'il ait été estimé dans le contrat de mariage (5). Mais s'il est acquis durant le mariage, il constitue un bien acquêt. Toutefois, lorsque la cession est faite par le père à son fils, avec la stipulation formelle qu'il serait exclu de la communauté, l'office a le caractère d'un propre du mari (6).

324. Ibid.; plus-value. — La plus-value acquise à un office propre au titulaire est également sa propriété, alors, surtout, que cette plus-value provient de l'augmentation générale du prix des études plutôt que de l'industrie du titulaire (7).

Par suite du prédécès de Mme LUSSAC, cette assurance appartient à M. LUSSAC à titre personnel, mais il doit récompense à la communauté des primes payées avec les deniers communs s'élevant à 4,500 fr.

ACTIF DE COMMUNAUTÉ.

1o....; 2o.....; 3o.....; 4o....., etc. *(Indiquer le détail.)*		
5o 4,500 fr., montant de la récompense due par le mari à la communauté, ci . .		4,500 »
Total de l'actif de communauté		36,470 »
Dont moitié à la succession est de		18,235 »
L'actif de succession se compose uniquement de moitié de la communauté . . .		18,235 »
Revenant pour moitié en usufruit au mari survivant.		9,117 50

DROITS A PAYER.

I. M. LUSSAC, sur 4,560 fr., représentant la valeur en propriété de son usufruit à 3 p. 100		136 80
Double décime et demi.		34 20
Ensemble.		171 »
II. Héritiers, sur 18,240 fr., à 6 fr. 50 p. 100.	1,185 60	
Double décime et demi . . .	296 40	
Ensemble	1,482 »	1,482 »
Timbre de quittance		» 25
Total des droits à payer		1,653 25

---

(1) Garnier, *Suc.*, 733; sol., 15 avril 1889; Rép. Defrénois, 5016. Voir Ch. Defrénois, *Assurance sur la vie*, 396, 408.
(2) Cass., 25 juin 1888; Rép. Defrénois, 4405.
(3) Toulouse, 25 nov. 1880; Rép. Defrénois, 340.
(4) Rennes, 24 juill. 1882; Rép. Defrénois, 1123. CONTRA : Seine, 8 août 1868.
(5) Lille, 11 déc. 1885; Rép. Defrénois, 3903.
(6) Rennes, 7 août 1883; Rép. Defrénois, 1938.
(7) Jonzac, 29 déc. 1868; Mamers, 26 mai 1874; sol., 4 août 1879; déc. min. fin., 31 oct. 1881; Lille, 11 déc. 1885; Rép. Defrénois, 738, 3903.

325. Recélé. — Lorsqu'un époux a diverti ou recélé des objets communs, il est privé de sa portion dans ces objets, et ils doivent être intégralement compris dans la succession du prédécédé (1).

325 bis. **Attribution de communauté.** — Quand la communauté, par une clause du contrat de mariage, a été attribuée en totalité au survivant, celui-ci est propriétaire de tout l'actif mobilier et immobilier de la communauté, à la charge de faire compte aux héritiers du prémourant des reprises en deniers de celui-ci. Dans ce cas, la déclaration de sa succession comprend seulement ses reprises [Form. 37]. Si l'attribution de communauté n'est que partielle, les biens attribués à l'époux survivant en vertu de la convention de mariage doivent être déduits du bénéfice de communauté.

326. Forfait de communauté. — La clause d'un contrat de mariage portant que la femme ou ses héritiers prendront une certaine somme pour tous droits, constitue pour celle-ci un droit de créance et, lors du décès du mari, il y a lieu de comprendre dans la déclaration de sa succession la totalité de la communauté, sans distraction du forfait de communauté, qui forme une charge de l'hérédité (2).

327. Ameublissement. — L'ameublissement fait tomber définitivement l'immeuble dans la communauté. En conséquence, si le mariage est dissous par la mort de l'époux qui a ameubli, les héritiers ne doivent comprendre que la moitié de l'immeuble dans la déclaration de succession. Aucune indemnité ne pouvant être due à la succession, il n'y a pas à en comprendre dans la déclaration (3).

328. Licitation. — Si les deux époux achètent conjointement un immeuble dont

---

FORMULE 37. — Attribution de communauté. — Reprises du survivant (N° 325 bis).

M. Clochet (Jean-Christophe), en son vivant propriétaire, demeurant à....., est décédé en son domicile, le....., laissant :

1ent. Mme Chauvet (Ernestine-Lucie), sa veuve, avec laquelle il était marié sous le régime de la communauté d'acquêts aux termes de leur contrat de mariage reçu par Me....., notaire à....., le.....; ladite dame ayant droit :

1° A tous les bénéfices de la communauté aux termes de la clause d'attribution en faveur du survivant, contenue en leur contrat de mariage sus-énoncé;

2° Et à un quart en usufruit des biens dépendant de la succession de son mari, en vertu de l'art. 767 du Code civil.

2ent. Et pour seul héritier, M. Clochet (Jean-Emile), quincailler, demeurant à....., son fils.

La communauté se compose de : 1°.....; 2°.....; 3°.....; 4°....., etc.		42,500 »
On en déduit les reprises des époux.		
Pour la succession de M. Clochet ses apports en mariage en mobilier et deniers comptants désignés au contrat se montant à	7,800 »	
Et pour Mme veuve Clochet aussi ses apports en effets et deniers comptants portés au contrat se montant à 3,200 fr., ci	3,200 »	
Ensemble	11,000 »	11,000 »
Reste un bénéfice de communauté appartenant à la veuve, en vertu de la clause d'attribution, soit		31,500 »
Par suite l'actif de la succession se compose uniquement des reprises se montant à		7,800 »
Dont le quart en usufruit pour Mme Clochet est de		1,950 »

(1) Garnier, *Suc.*, 797; dél., 19 nov. 1830; Saint-Lô, 14 août 1872; Auxerre, 28 fév. 1877; Mortagne, 17 mai 1878; Yvetot, 30 oct. 1885; Vervins, 20 juin 1889; Rép. Defrénois, 3701, 5618.

(2) Garnier, *Suc.*, 1235; Dict. Réd., *Suc.*, 1964; Cass., 17 janv. 1854; Soissons, 18 déc. 1889; Rép. Defrénois, 5901.

(3) Garnier, *Ameublissement*, 19; dél., 26 juin 1863; déc. min. fin., 23 déc. 1863; inst., 2307.

une portion indivise appartenait déjà à l'un d'eux, cet immeuble devient un propre de l'époux copropriétaire et doit acquitter l'impôt de mutation au décès de ce dernier (1), sans qu'il y ait à considérer si l'indivision subsiste encore avec des tiers (2).

329. Retrait d'indivision. — Mais lorsque le mari achète sur licitation sans le concours ou le mandat exprès de sa femme l'immeuble dont elle avait une portion, il devient, ou la communauté qu'il représente, propriétaire de l'immeuble jusqu'à l'option de sa femme, de sorte que si la femme meurt avant cette époque, on ne doit déclarer que la portion à laquelle elle peut avoir droit en qualité de commune en biens, outre l'indemnité qui lui est due pour la cession de sa part indivise. Si c'est le mari qui prédécède, sa succession ne comprend que la moitié de l'immeuble, sauf le cas de renonciation à communauté (3).

II. Régime dotal.

330. Succession du mari. — Sous le régime dotal, la succession du mari comprend : 1° les biens à lui propres; 2° les indemnités qui lui sont dues par sa femme pour les sommes qu'il a payées en son acquit, notamment pour la conservation et l'amélioration des biens dotaux; 3° les fruits et intérêts des biens dotaux au jour du décès (4). Quant aux reprises que la femme est en droit d'exercer contre son mari, elles ne doivent pas être déduites de sa succession pour la liquidation de l'impôt de mutation par décès, puisque, s'excerçant sur les biens personnels du mari, elles constituent une dette (5) [Form. 38].

DROITS A PAYER.

Veuve, sur 980 fr. à 3 p. 100		29 40
Double décime et demi		7 35
Total		36 75
Fils, sur 7,800 fr. à 1 p. 100	78 »	
Double décime et demi	19 50	97 50
Timbre de quittance		» 25
Total des droits à payer		134 50

FORMULE 38. — Régime dotal. — Décès du mari (N° 330).

M. Dupin (Albert), en son vivant propriétaire, demeurant à....., est décédé en son domicile le....., laissant :

Mme Flandrin (Jeanne-Louise), son épouse, avec laquelle il était marié sous le régime dotal sans société d'acquêts, aux termes de leur contrat de mariage reçu par Me....., notaire à....., le.....,

Ayant droit, en vertu de l'art. 767 C. civ., à l'usufruit du quart de sa succession;

Et pour héritiers ses fils et filles ci-après nommés, savoir : 1°.....; 2°....., etc.,

Ainsi que ces qualités sont constatées en l'inventaire dressé après le décès de M. Dupin par Me....., notaire à....., le.....

ACTIF DE SUCCESSION.

1° Mobilier prisé en l'inventaire	2,480 »
2° Deniers comptants	890 »
3° 10 obligations au porteur, nos 195540 à 195549, de la ville de Paris (1875), représentant au cours de 530 fr. une somme de	5,300 »
A reporter	8,670 »

(1) Sables-d'Olonne, 17 août 1862; Bourganeuf, 21 décembre 1865.
(2) Cass., 30 janv. 1865.
(3) Contra : Versailles, 25 juill. 1882; Rép. Defrénois, 1141.
(4) Garnier, *Suc.*, 904-6.
(5) Garnier, *Suc.*, 1267; Dict. Réd., *Suc.*, 1965-1; Cass. (2 arrêts), 11 août 1869; Castel-Sarrazin, 29 déc. 1869.

331. Succession de la femme dotale. — En cas de prédécès de la femme dotale, la déclaration de sa succession doit comprendre : 1° ses biens dotaux et paraphernaux; 2° les reprises et créances qu'elle a contre son mari, par exemple les sommes dont il est responsable envers elle à défaut d'emploi, tel qu'un prix de vente d'immeubles paraphernaux (1); sauf à en déduire les indemnités qu'elle peut devoir à son mari (2) [FORM. 39].

332. Assurance sur la vie. — L'assurance sur la vie souscrite par un mari au profit de sa femme mariée sous le régime dotal constitue en faveur de celle-ci une disposi-

Report.		8,670 »
4° 1,200 fr. de rente 3 p. 100 sur l'Etat français en un certificat n°..... de la série....., représentant au cours de 94 fr. un capital de		37,600 »
5° 100,000 fr. montant d'une créance hypothécaire sur M. Adolphe LOUVAIN, suivant acte reçu par Me....., notaire à....., le.....	100,000 »	
Proratas d'intérêts du..... au jour du décès	1,800 »	
Ensemble	101,800 »	101,800 »
6° 2,850 fr. montant de réparations faites à un immeuble propre à Mme DUPIN et dont celle-ci doit récompense à la succession de son mari, ci		2,850 »
7° 1,600 fr. pour proratas d'intérêts et d'arrérages au jour du décès des valeurs dotales ci-après :		
Pour 3,600 fr. de rente 3 p. 100, depuis le......	540 »	
Pour 60 obligations de la ville de Paris (emprunt 1875), depuis le.....	800 »	
Pour 40 obligations du Crédit foncier (emprunt 1883), depuis le..... .	200 »	
Pour 5 obligations 3 p. 100 de la compagnie des chemins de fer d'Orléans, depuis le.....	60 »	
Ensemble	1,600 »	1,600 »
Montant de l'actif de succession		152,520 »
Dont le quart en usufruit pour la veuve est de.		38,130 »

DROITS A PAYER.

I. Mme veuve DUPIN, à 3 p. 100 sur 19,080 fr. représentant la valeur en toute propriété de son usufruit de 38,130 fr.		572 40
Double décime et demi.		143 10
Ensemble		715 50
II. Héritiers, 1 p. 100 sur 152,520 fr.	1,525 20	
Double décime et demi.	381 30	
Ensemble	1,906 50	1,906 50
Timbre de quittance		» 25
Montant des droits à payer		2,622 25

FORMULE 39. — Régime dotal. — Décès de la femme (N° 331).

Mme DUSAN (Alice), épouse de M. LOUVIC (Paul), propriétaire, avec lequel elle demeurait à Paris, rue..... n°....., est décédée en son domicile le....., laissant :

M. LOUVIC, son mari, sus-nommé, avec lequel elle était mariée sous le régime dotal, sans société d'acquêts, aux termes de leur contrat de mariage passé devant Me....., notaire à....., le.....,

Ayant droit à moitié en usufruit des biens composant la succession de sa femme, conformément à l'art. 767 C. civ.;

Et pour héritiers conjointement pour le tout, ses neveux et nièce ci-après nommés : 1°....; 2°....., etc.

Ainsi que ces qualités sont constatées en l'inventaire dressé après le décès de Mme LOUVIC par Me....., notaire à....., le.....

(1) Sisteron, 20 déc. 1869; Gaillac, 11 juin 1872; Corte, 2 déc. 1874; Montpellier, 30 août 1875; Lodève, 14 nov. 1877.

(2) Belley, 14 mars 1873; Vienne, 9 août 1873.

tion à titre gratuit; le capital assuré doit être compris dans la déclaration de la succession du mari. Mais si les primes ont été payées avec des deniers dotaux, la femme est en droit de renoncer au bénéfice de l'assurance en tant que libéralité et de le revendiquer comme créancière; dans ce cas, il n'est dû aucun droit de mutation par décès sur le montant du capital assuré (1).

333. Licitation. — Lorsque l'un des époux se porte acquéreur d'un immeuble sur lequel il avait des droits indivis, cet immeuble lui est propre pour la totalité et doit

---

RESTITUTION EN DENIERS.

1° 2,260 fr., produit de la vente d'arbres, faite sur un immeuble dotal situé à....., suivant procès-verbal dressé par Me....., notaire à....., le....., ci		2,260 »
2° 25,000 fr., prix de vente d'une maison sise à....., dont il n'a pas été fait emploi, ainsi qu'il résulte d'un acte de quittance reçu par Me....., notaire à....., le....., ci.		25,000 »
3° 2,800 fr., valeur des objets mobiliers échus à Mme Louvic dans la succession de M. Dusan, son père, partagée suivant acte reçu par Me....., notaire à....., le....., et confondus avec ceux du mari, ci		2,800 »
Total		30,060 »
A déduire : les sommes ci-après dont Mme Louvic doit récompense à son mari comme ayant été payées en son acquit :		
1° 491 fr. pour l'enregistrement et les honoraires des donations faites à Mme Louvic par son contrat de mariage, ci	491 »	
2° 2,200 fr. pour reconstruction d'un gros mur à la maison située à....., ci	2,200 »	
3° 4,000 fr. pour le montant d'une soulte payée à M. Lucien Dusan dans le partage de la succession de M. Dusan, son père, opéré suivant acte passé devant Me....., notaire à....., le....., ci	4,000 »	
4° 840 fr. pour droits de mutation par décès relatifs à la succession de M. Dusan, payés au bureau de....., le....., ci	840 »	
Ensemble	7,531 »	7,531 »
Reste pour les restitutions en deniers de la succession de Mme Louvic		22,529 »

ACTIF DE SUCCESSION.

1° Vêtements, linge, bijoux et objets mobiliers prisés en l'inventaire		2,154 »
2° 800 fr. de rente 3 p. 100 sur l'Etat, en un certificat au nom de Mme Louvic, n° 1849 de la 6e série, représentant au cours de 96 fr. un capital de.	25,600 »	
A déduire : prorata d'arrérages sur le trimestre en cours au jour du décès	125 »	
Reste	25,475 »	25,475 »
3° 9 obligations 4 p. 100 du Crédit foncier (emprunt 1863), portant les nos 84708 à 84716, comprises en un certificat n° 2515, représentant au cours de 524 fr. une somme de	4,716 »	
A déduire : prorata d'intérêts au jour du décès	45 »	
Reste	4,671 »	4,671 »
4° Une maison sise à Paris, rue..... n°....., acquise en remploi de deniers dotaux suivant acte reçu par Me....., notaire à....., le..... Cette maison produisant un revenu annuel de 13,900 fr., savoir *(Indiquer le détail des locations; voir* supra *formule* 18), représentant au denier 20 un capital de.		278,000 »
5° 22,529 fr., reliquat du compte de restitution en deniers.		22,529 »
Total de l'actif de succession		332,829 »
Dont moitié en usufruit pour M. Louvic est de		166,414 50

---

(1) Carpentras, 11 août 1885; Cass., 17 juin 1889; Rép. Defrénois, 2831, 4954.

être compris dans la déclaration de sa succession, *supra* nº 329. Mais si c'est le mari qui a acheté un immeuble appartenant par indivis à sa femme, il appartient pour la totalité au mari et ne doit pas être déclaré lors du décès de la femme (1).

III. Séparation de biens, non communauté.

334. Renvoi. — La liquidation de l'impôt de mutation par décès, lorsque les époux

DROITS A PAYER.

I. M. Louvic : 3 p. 100 sur 83,220 fr., représentant la valeur en toute propriété de l'usufruit de 166,414 fr. 50, ci		2,496 60
Double décime et demi		624 15
Ensemble		3,120 75
II. Héritiers : 6 fr. 50 p. 100 sur 332,840 fr.	21,634 60	
Double décime et demi	5,408 65	
Ensemble	27,043 25	27,043 25
Timbre de quittance		» 25
Total des droits à payer		30,164 25

FORMULE 40. — Non communauté. — Veuve survivante. — Gain de survie. — Collatéraux (Nº 334).

M. Hinpou (Victor-Jules), en son vivant propriétaire, demeurant à....., est décédé en son domicile le....., laissant :

Sa veuve Mme Cafin (Désirée-Héloïse), avec laquelle il était marié sans communauté, aux termes de leur contrat de mariage reçu par Me....., notaire à....., le.....

Ladite dame ayant droit, dans la succession de son mari, en qualité de survivante :

1º A un gain de survie de 20,000 fr., en vertu de leur contrat de mariage;

2º Et à l'usufruit de moitié des biens dépendant de sa succession, en vertu de l'art. 767 du Code civil.

Et pour héritiers :

De la moitié dévolue à la ligne paternelle, M. Hinpou (Charles-Jean), son oncle, propriétaire, demeurant à.....,

Et de l'autre moitié dévolue à la ligne maternelle, M. Janet (Denis-Henri), vigneron, demeurant à....., son cousin au 6e degré.

La succession se compose de :

1º Mobilier décrit et estimé en l'état ci-joint		2,748 »
2º.....; 3º.....; 4º....., etc.		
Ensemble		162,564 »
Dont moitié en usufruit pour la veuve est de		81,282 »
De quoi l'on déduit son gain de survie, étant de 20,000 fr., ci	20,000 »	20,000 »
Reste en usufruit		61,282 »
Représentant en capital moitié pour l'acquit du droit, soit	30,641 »	
Ensemble pour les droits à payer par la veuve	50,641 »	
Aux 61,282 fr. auxquels les héritiers ont droit en nue propriété, on ajoute 81,282 fr. pour leurs droits en pleine propriété, ci		81,282 »
Ensemble		142,564 »
Dont moitié est de		71,282 »

DROITS A ACQUITTER.

Veuve, sur 50,660 fr. à 3 p. 100	1,519 80
Double décime et demi	379 95
Total	1,899 75

(1) Largentière, 6 fév. 1872.

sont mariés sous un régime exclusif de communauté s'effectue d'après les règles indiquées *supra* n° 331 en ce qui concerne le régime dotal [FORM. 40, 41].

§ 3. *Reversibilité.*

335. Rente viagère; usufruit. — Les clauses de reversibilité confèrent un droit successif. Par suite, il est dû un droit de mutation au décès du premier rentier viager ou

	Report.		1,899 75
Oncle, sur 71,300 fr. à 6 fr. 50 p. 100		4,634 50	
	Double décime et demi	1,158 63	5,793 13
Cousin, sur 71,300 fr. à 8 p. 100		5,704 »	
	Double décime et demi	1,426 »	7,130 »
	Timbre de quittance		» 25
Réunion			14,823 13

FORMULE 41. — Séparation de biens contractuelle. — Mari survivant. — Responsabilité pour non emploi. — Compte de fruits (Nos 331, 334).

Mme MARTEL (Thérèze-Louise), en son vivant épouse de M. JOLIN (Claude-Emile), comptable, avec lequel elle demeurait à....., est décédée en son domicile, le....., laissant :

1° M. JOLIN, son mari, d'avec lequel elle était contractuellement séparée, quant aux biens, aux termes de leur contrat de mariage reçu par Me....., notaire à....., le....., mondit sieur JOLIN, comme usufruitier de la totalité des biens dépendant de la succession de sa défunte épouse, aux termes de la donation contenue en leur contrat de mariage;

2° Et pour seul héritier, M. MARTEL (Désiré-Vincent), bijoutier, demeurant à....., son frère.

La masse de la succession se compose de :

1° Mobilier prisé en l'inventaire après le décès de Mme JOLIN, dressé par Me....., notaire à....., le.....		4,312 »
2° Une créance de 20,000 fr. sur M. et Mme MOULIN, demeurant à....., résultant d'une obligation pour prêt reçue par Me....., notaire à....., le....., ci	20,000 »	
Prorata d'intérêt depuis le..... jusqu'au décès	518 »	20,518 »
3° 4,200 fr. de rente 3 p. 100 sur l'Etat, en un certificat au nom de Mme JOLIN, n° 85708 de la 4e série, représentant au cours du jour du décès étant de 96 fr.		134,400 »
4° La somme de 12,000 fr. dont M. JOLIN, mari survivant, est tenu envers la succession, comme formant le prix de la vente que M. et Mme JOLIN ont faite conjointement à M. MIRIER, suivant contrat reçu par Me....., notaire à....., le....., d'une maison située à....., propre à Mme JOLIN, moyennant 12,000 fr. payés comptant à M. et Mme JOLIN, sans qu'aucun remploi ni emploi ait été effectué, ci		12,000 »
5° La somme de 7,548 fr. dont M. JOLIN est comptable envers la succession, par suite du mandat à la charge de rendre compte que sa femme lui avait donné, ainsi que cela résulte des déclarations de l'inventaire, ci		7,548 »
Montant de la succession		178,778 »
Capitalisé à moitié pour l'usufruit, soit		89,389 »

DROITS A PAYER.

M. JOLIN à 3 p. 100 sur 89,400 fr.			2,682 »
	Double décime et demi		670 50
Total			3,352 50
M. MARTEL, sur 178,780 fr. à 6 fr. 50 p. 100		11,620 70	
	Double décime et demi	2,905 18	14,525 88
	Timbre de quittance		» 25
Réunion			17,878 63

FORMULE 42. — Communauté. — Rente viagère. — Reversibilité (Nos 335 à 343).

Mêmes qualités qu'en la formule 33.

usufruitier, lorsque la rente viagère ou l'usufruit provient d'un legs avec reversibilité au profit d'un tiers (1), alors même que les premiers bénéficiaires ont cédé leurs droits aux seconds par un acte enregistré (2); — ou a été constitué comme prix d'une vente avec reversibilité au profit d'un tiers étranger à la propriété de l'objet vendu (3).

336. Legs conjoint. — Quand un legs conjoint a été fait avec droit de reversibilité à deux personnes ayant avec le défunt un degré de parenté différent, un droit complémentaire est dû lors du décès du premier des bénéficiaires, alors que la reversibilité profite au parent du degré le plus éloigné (4).

337. Communauté; vente à viager. — Si deux époux aliénent un bien commun, moyennant une rente viagère reversible sur la tête du survivant, cette stipulation est une condition de l'aliénation, par suite, elle n'a pas le caractère d'une libéralité éventuelle donnant lieu au droit de mutation lors du prédécès de l'un des conjoints (5); à moins, si c'est la femme qui survit, qu'elle ne renonce à la communauté (6).

338. Ibid.; récompense. — Mais l'époux survivant, en profitant seul d'une rente qui provient de l'aliénation des acquêts, tire profit de la communauté, en conséquence lui doit une récompense qui se déduit de ses reprises, ou donne lieu à un rapport assujetti au droit de mutation sur moitié (7), *supra* nº 308 [Form. 42]. Il importe peu que le prémourant ait dispensé le survivant du payement de la récompense (8).

339. Ibid.; calcul. — Pour la fixation de cette indemnité, il existe les divers systèmes ci-après : 1º elle est du capital aliéné quand il est connu (9); 2º elle est calculée au denier 10 quand il n'existe pas de capital constitué (10); 3º elle doit être fixée par une évaluation des parties (11); 4º elle est déterminée d'après les tarifs des compagnies d'assurances (12). Il nous paraît plus juridique de décider que l'indemnité doit être déclarée par les parties, sauf, en cas de désaccord avec l'administration, le droit d'appréciation du tribunal.

340. Copropriétaire; vente à rente viagère. — Quand deux copropriétaires ou communistes vendent à un tiers une chose indivise entre eux par parties égales, moyennant une rente viagère payable à chacun d'eux par moitié, et au décès de l'un des vendeurs reversible au survivant d'eux en totalité, la rente ne fait que représenter le prix que chacun des vendeurs, également intéressé et partie au contrat, a personnellement et dans son propre intérêt stipulé pour l'aliénation de la chose, la convention forme l'une des conditions essen-

---

LIQUIDATION DES REPRISES.

I. *Reprises de* Mme *veuve* Dubois. — Elles consistent en :

1º.....; 2º.....; 3º....., *(Indiquer le détail)*	» »
Ensemble.	85,000 »

---

(1) Dél., 9 déc. 1836; Saint-Amand, 17 mai 1866; Lyon, 26 janv. 1867, 11 mai 1877; Rennes, 4 août 1868; Seine, 20 mars 1869; Colmar, 9 juin 1870; Pontoise, 31 déc. 1873. Voir Cass., 23 mars 1869.

(2) Lyon, 26 janv. 1867.

(3) Dict. Réd., *Reversion*, 65; Garnier, *Donation*, 384; Lyon, 7 avril 1865; Saint-Quentin, 21 nov. 1866; Rouen, 18 mars 1869; Cass., 28 déc. 1862, 11 mars 1863, 23 juill. 1866; inst., 2349-5; Lyon, 7 fév. 1878.

(4) Pontoise, 31 déc. 1873; Pau, 3 janv. 1878; Versailles, 17 déc. 1878.

(5) Garnier, *Donation*, 390; inst., 2355-16; Altkich, 10 déc. 1855; Yvetot, 18 août 1863; Rennes, 26 août 1863; Château-Thierry, 12 mars 1864; Vitry-le-Français, 15 avril 1864; Bressuire, 27 fév. 1866; Cass., 15 mai 1866; Tarascon, 4 janv. 1867; Brest, 6 fév. 1867; Beauvais, 11 nov. 1867. Contra : Dict. Réd., *Reversion*, 88; Evreux, 16 fév. 1857; Chinon, 5 mars 1869; Angers, 10 juin 1864. Voir Seine, 27 avril 1867.

(6) Garnier, *Donation*, 401.

(7) Garnier, *Donation*, 394; Dict. Réd., *Reversion*, 100; Seine, 16 mai 1868; Melun, 27 août 1868; Coulommiers, 27 nov. 1868; Rouen, 18 mars 1869; Le Mans, 19 mai 1870; Alençon, 3 juin 1870; La Flèche, 7 nov. 1870; Cass., 20 mai et 30 déc. 1873; Baugé, 2 déc. 1873; Angers, 14 fév. 1874; Orléans, 6 août 1874; Mortagne, 23 août 1876; sol., 18 mars 1882; Saint-Etienne, 27 nov. 1883; Lyon, 22 mai 1888; Pontoise, 29 juin 1888; Rép. Defrénois, 945, 2585, 5140.

(8) Melun, 27 août 1868 précité.

(9) Seine, 16 mai 1868; Coulommiers, 27 nov. 1868; Le Mans, 19 mars 1870; La Flèche, 7 nov. 1870; Baugé, 2 déc. 1873; Angers, 14 fév. 1874.

(10) Rouen, 18 mars 1869.

(11) Garnier, *Donation*, 395; Orléans, 6 août 1874; Villefranche, 23 août 1878.

(12) Melun, 27 août 1868; Mortagne, 23 août 1876, 17 mai 1878; sol., 6 août 1881; Lyon, 22 mai 1888; Rép. Defrénois, 541, 5140. Voir Dict. Réd., *Reversion*, 110.

tielles et intégrantes du contrat, et, par suite, ne donne pas lieu à la perception d'un droit de mutation au décès du premier mourant (1).

341. Propres d'un époux. — Quand la rente viagère reversible au profit du survivant des époux est le prix de biens propres aux époux ou au conjoint prédécédé, et que l'époux survivant avait un intérêt à la vente pour raison de ses droits dans l'objet aliéné, on décide que la rente viagère reversible au survivant représente les droits de celui-ci et, qu'en conséquence, la reversibilité ne donne pas lieu au droit de succession ; par exemple : si c'est une condition apposée à la vente de biens propres à l'un et à l'autre des époux (2); ou si la femme survivante a concouru à la vente du propre de son mari pour renoncer à son hypothèque légale (3); ou s'il s'agit d'un immeuble propre et dotal à la femme, soumis à l'administration du mari (4). Mais si le survivant était sans droits dans les biens aliénés, il est passible des droits de succession sur le capital de la rente évalué comme il est dit *supra* n° 339 (5).

342. Ibid.; réserve d'usufruit. — Ces règles ne sont pas applicables quand la vente de biens propres ou acquêts ou de biens appartenant à des communistes, au lieu d'une rente viagère, est faite avec réserve de l'usufruit reversible au profit du survivant; en pareil cas la transmission est seulement de la nue propriété, l'usufruit reste la propriété du vendeur, et le survivant, en ce qui concerne les propres du prédécédé ou la part de celui-ci dans les biens communs, est assujetti au droit de mutation par décès (6). Si la réserve est seulement d'une partie des acquêts, et qu'elle n'excède pas la part du survivant dans les acquêts vendus, aucun droit ne peut lui être réclamé (7).

343. Partage anticipé. — Quand la réserve d'une rente viagère reversible à l'époux survivant a eu lieu dans une donation conjointe ou dans le partage anticipé que les père et mère font de leurs biens propres ou acquêts, cette rente ne donne lieu à la perception d'aucun droit de mutation, comme étant une charge de la donation librement acceptée par les enfants (8); à plus forte raison, si la libéralité ne comprend que des acquêts (9). — Mais lorsque la réserve est de l'usufruit des biens compris dans la donation ou le partage d'ascendant, on décide que le survivant doit acquitter le droit de succession sur l'usufruit des biens propres du prédécédé (10), et même sur l'usufruit de la part du prédécédé dans les biens acquêts (11), à moins que l'usufruit ne soit réservé personnellement par chacun des donateurs comme condition expresse de sa libéralité (12). La question n'est plus douteuse et

---

Report.	85,000 »
De quoi l'on déduit la somme de 5,600 fr. dont Mme veuve Dubois doit récompense à la communauté comme représentant la valeur d'une rente viagère de 8,000 fr. constituée moyennant l'aliénation par M. et Mme Dubois d'une maison située....., dépendant de la communauté, et reversible pour la totalité sur la tête du survivant des époux, ainsi qu'il résulte de l'acte de vente dressé par Me....., notaire à....., le....., ci	5,600 »
Reste pour les reprises de Mme veuve Dubois	59,400 »

II. *Reprises de la succession de* M. Dubois.

(Le surplus comme en la formule 33.)

---

(1) Garnier, *Donation*, 393; Yvetot, 18 avril 1863; Angers, 6 avril 1867; Cass., 26 janv. 1870; sol., 28 mars 1877. Contra : Boulogne, 30 août 1867.

(2) Beauvais, 11 nov. 1867.

(3) Garnier, *Donation*, 399; Cass., 10 août 1857; Montpellier, 14 avril 1858; Rouen, 20 juin 1858; Villefranche, 7 mars 1860; Hâvre, 31 janv. 1867; Brignoles, 29 août 1879.

(4) Aix, 30 mars 1867.

(5) Rouen, 18 mars 1869; Brignoles, 28 août 1879.

(6) Angers, 21 juin 1851; Cass., 8 août 1853.

(7) Garnier, *Donation*, 410; Rambouillet, 23 déc. 1863; sol., 5 janv. 1860.

(8) Dunkerque, 25 juill. 1871. Contra : Rouen, 18 mars 1869.

(9) Sol., 30 nov. 1875.

(10) Garnier, *Donation*, 398; dél., 21 oct., 1831; Cass., 15 juin 1846, 31 août 1853, 30 janv. 1856, 26 juill. 1869; Dieppe, 5 août 1880; Cahors, 9 fév. 1881; Seine, 18 fév. 1881; Rép. Defrénois, 344, 542, 740.

(11) Inst., 2114-10; Sedan, 4 août 1858; Cass., 31 août 1853, 6 mai 1857, 24 janv. 1860, 14 nov. 1865, 26 juill. 1869; Seine, 1er fév. 1878; Saint-Quentin, 16 juill. 1879. Voir cep. trib. Blaye, 24 juin 1887; Rép. Defrénois, 4604.

(12) Rép. Defrénois, 1531, 1596, 3308-24. Contra : Châlon-sur-Saône, 1er déc. 1885; Rép. Defrénois, 3305.

le droit de mutation est dû quand la reversion s'applique aux biens eux-mêmes, par exemple, la stipulation comme condition du partage d'ascendant, que le survivant sera propriétaire exclusif des biens à provenir de la succession du prédécédé, et quoique cette convention soit entachée de nullité (1).

SECTION IX. — **Droit d'accroissement dans les sociétés civiles et communautés religieuses.**

344. Accroissement. — Dans toutes les sociétés ou associations civiles qui admettent l'adjonction de nouveaux membres, les accroissements opérés par suite de clauses de reversion au profit des membres restants de la part de ceux qui cessent de faire partie de la société ou association, sont assujettis au droit du mutation par décès, lorsque l'accroissement sa réalise par le décès (Loi 28 décembre 1880, art. 4) [Form. 43].

345. Application. — Ce droit est dû par toutes les congrégations, communautés et associations religieuses autorisées (2), ou non autorisées, et par toutes les sociétés ou associations civiles dont l'objet n'est pas de distribuer leurs produits en tout ou en partie entre leurs membres (Loi 29 décembre 1884, art. 9).

346. Clause d'adjonction. — Pour que le droit d'accroissement soit dû, en ce qui concerne les associations civiles, il faut que les statuts permettent l'adjonction de nouveaux membres et contiennent une clause expresse de reversion (3).

347. Bénéfices. — Lorsque des bénéfices doivent être partagés entre les associés, il n'y a pas lieu à l'application de la taxe d'accroissement, alors même qu'il s'agit d'une société d'enseignement formée entre des prêtres séculiers, s'ils ne sont unis par aucun lien religieux et ne sont soumis qu'aux règles civiles résultant des statuts (4).

348. Perception. — Cet impôt est perçu d'après la nature des biens existant au jour

---

FORMULE 43. — Taxe d'accroissement. — Congrégation religieuse (Nos 344 à 353).

Mme X....., supérieure de la congrégation religieuse de....., autorisée par ordonnances (ou décrets) des....., ayant sa maison principale à.....,

Agissant tant en son nom personnel qu'aux noms et comme se portant fort pour les religieuses de la congrégation,

Fait la déclaration suivante en vue d'acquitter la taxe d'accroissement due par suite des décès survenus du..... au..... des religieuses ci-après nommées :

1o Mlle Casmin (Irma), décédée à....., le.....;
2o Mlle Dufand (Alice), décédée à....., le.....;
3o Mlle Quamin (Henriette), décédée à....., le.....;
4o Mlle Laissez (Marie), décédée à....., le.....;
5o Mlle Vigine (Eulalie), décédée à....., le.....;
6o Mlle Coussange (Clotilde), décédée à....., le.....;
7o Mlle Moussant (Mathilde), décédée à....., le.....;
8o Mlle Fresny (Adèle), décédée à....., le.....;
9o Et Mlle Lupin (Alice-Marie), décédée à....., le.....

ACTIF DE LA CONGRÉGATION.

I. *Maison mère située à.....*

1o Meubles et objets mobiliers décrits et estimés en l'état ci-joint	18,900	»
2o Deniers comptants	50,000	»
3o Une propriété située à....., rue..... no....., comprenant corps de bâtiment élevé de quatre étages, jardin et dépendances, le tout évalué à un revenu annuel, impôts compris, de 25,000 fr., représentant au denier 20, une valeur de	500,000	»
A reporter.	568,900	»

(1) Cass., 30 mars 1868.
(2) Seine, 18 mars 1887; Cass., civ., 27 nov. 1889; Rép. Defrénois, 3586, 5348.
(3) Compiègne, 28 nov. 1888; Rép. Defrénois, 5227.
(4) Seine, 3 mai 1889; Rép. Defrénois, 5692.

de l'accroissement, c'est-à-dire sur la portion indivise appartenant à l'associé décédé dans chacun des biens composant le fonds social, créances, meubles et immeubles de la même manière que si la société était dissoute à son égard. En outre, la perception s'effectue, même en ce que concerne les meubles, d'après les règles relatives aux transmissions d'immeubles, sans distraction des charges et les biens sont évalués sur les bases ordinaires prescrites pour la liquidation des droits de mutation par décès.

349. Cessions antérieures. — Le droit d'accroissement est exigible, nonobstant toutes cessions antérieures faites entre vifs au profit d'un ou de plusieurs membres de la société ou de l'association.

350. Tarif. — Tous les accroissements résultant du fait du décès des associés sont passibles du droit de mutation par décès au taux de 9 p. 100.

351. Déclaration. — La déclaration doit être effectuée au bureau du domicile du déclarant, c'est-à-dire de la maison mère de la communauté et non à chacun de divers bureaux de la situation des biens (1); elle doit faire connaître dans les formes indiquées *supra* nos 51 et suiv., tous les biens de l'association et la part indivise revenant au défunt dans ses biens.

352. Pénalités. — En cas de retard, d'omissions ou d'insuffisances, les pénalités indiquées *infra* 354 sont encourues.

353. Expertise. — Mais comme le payement de l'impôt doit avoir lieu conformément aux règles applicables au droit exigible sur les transmissions d'immeubles, l'administration peut requérir l'expertise des biens meubles afin d'en établir la valeur.

SECTION X. — **Peines relatives aux déclarations.**

354. Généralités. — Les peines relatives aux déclarations de successions sont de

---

Report.		568,900 »
II. *Succursale située à.....*		
4° Meubles et objets mobiliers décrits et estimés en l'état ci-joint à		6,400 »
5° Deniers comptants		1,800 »
6° Une maison située à....., rue..... n°....., évaluée à un revenu annuel, impôts compris, de 2,400 fr., représentant, au denier 20, une valeur de		48,000 »
III. *Succursale située à.....*		
Indiquer l'actif de chaque succursale		» »
Total de l'actif de la congrégation.		2,450,000 »
La congrégation se composait au 1er janvier 1892 de 1,500 membres, ci .	1,500	
Il est décédé du 1er janvier 1892 au 30 juin 1892 10 membres, ci. . . .	10	
Il reste 1,490 membres, ci	1,490	
Au 1er janvier 1892, chaque membre avait droit à 1/1500 de l'actif, soit.		1,633 33
Mais au 30 juin, le droit de chaque membre est de 1/1490, soit		1,644 33
Ensemble		3,277 66
Dont la moyenne est de.		1,638 83
DROITS A PAYER.		
Par membre décédé, 9 p. 100 sur 1,640 fr.		147 60
Soit pour 10 membres décédés		1,476 »
Double décime et demi.		369 »
Timbre de quittance		» 25
Total des droits à payer		1,845 25

---

(1) Reims, 24 fév. 1891; Cass., 13 janv. 1892; Rép. Defrénois, 5916, 6398.

deux sortes : l'une concerne l'absence de toute déclaration; l'autre l'omission résultant d'une déclaration incomplète.

355. Remise. — La remise de ces peines ne peut être ordonnée à titre gracieux par le ministre des finances sur la demande qui lui en est faite par les héritiers ou ayants droits. Cette demande, écrite sur timbre, doit faire ressortir la bonne foi des déclarants [FORM. 44].

§ 1. *Défaut de déclaration.*

356. Pénalité. — Les héritiers, donataires ou légataires qui n'ont pas fait dans les délais prescrits les déclarations des biens à eux transmis par décès, doivent payer, à titre d'amende, un demi-droit en sus du droit qui est dû pour la mutation (Loi 22 frim. an VII, art. 39).

357. Déclaration et payement dans les délais. — Pour que le demi-droit en sus soit évité, il faut à la fois une déclaration et un payement des droits dans les délais : si l'une de ces deux circonstances manquait, l'amende serait encourue (1).

358. Erreur. — Les héritiers ne seraient pas exonérés de la peine de retard, en alléguant qu'ils ont fait leur déclaration dans un autre bureau (2); ou qu'ils sont appelés à la succession en vertu d'un titre sur lequel le droit de donation entre vifs a été perçu par erreur (3); ou que l'omission provient d'une erreur (4); ou même que leur qualité d'étranger les dispensait de connaître et d'exécuter les lois françaises (5).

359. Dissimulation; fausse qualification. — La peine du demi-droit en sus s'applique à l'héritier qui dissimule la date véritable du décès (6) et au légataire qui omet de payer dans le délai utile les droits complémentaires exigibles sur son legs (7); mais on ne saurait l'étendre à la fausse qualification du degré de parenté (8).

360. Héritiers bénéficiaires. — Les héritiers bénéficiaires sont passibles de l'amende de retard comme les héritiers purs et simples (9).

361. Tuteur; cotuteur, etc. — Il en est ainsi de tout tuteur, cotuteur (10), administrateur légal (11) et curateur, même du curateur à l'émancipation (12), ou du curateur au ventre (13), quoiqu'ils n'aient réalisé aucune valeur de la succession (14), *supra* nº 40.

362. Curateur à succession vacante; exécuteur testamentaire. — Quant au curateur à la succession vacante, il n'est pas responsable du défaut de déclaration lorsqu'il justifie qu'il n'a point eu les deniers nécessaires au payement, ou bien lorsqu'il a

---

FORMULE 44. — Demande en remise du demi-droit en sus (Nº 355).

A Monsieur le Ministre des finances; direction de l'enregistrement et des domaines.

Le soussigné DOREL (Jacques-Louis), cultivateur, demeurant à...., a l'honneur de vous exposer ce qui suit :

M. DOREL (Ernest-Dominique), propriétaire, célibataire, demeurant à....., est décédé en son domicile, le.....

---

(1) Garnier, *Suc.*, 564; déc. min. fin., 18 mess. an VII, 10 oct. 1831; Cass., 29 germ. an XI, 5 mess. an XII, 21 avril et 28 oct. 1806, 1er fév. 1830; inst., 1320-5; Pont-Audemer, 29 août 1876.

(2) Garnier, *Suc.*, 561-1; Dict. Réd., *Suc.*, 1238, 2345; déc. min. fin., 28 sept. 1841; inst., 1649.

(3) Garnier, *Suc.*, 561-2; Cass., 24 déc. 1821.

(4) Cass., 30 janv. 1867.

(5) Garnier, *Suc.*, 561-3; Dict. Réd., *Suc.*, 2340; déc. min. fin., 26 mai 1853; inst., 2003-2.

(6) Garnier, *Suc.*, 562; Dict. Réd., *Suc.*, 2354; sol., 2 germ. an VII.

(7) Garnier, *Suc.*, 566; Saint-Amand, 17 mai 1866.

(8) Garnier, *Suc.*, 568; Puy, 31 août 1871; Périgueux, 8 mars 1873; Belfort, 26 janv. 1875; Marseille, 31 août 1877.

(9) Garnier, *Suc.*, 579; Dict. Réd., *Suc.*, 2350; Cass., 5 niv. an XII, 1er fév. 1830, 12 juill. 1836, 28 août 1837.

(10) Garnier, *Suc.*, 574, 575; Dict. Réd., *Suc.*, 2189; Bordeaux, 10 fév. 1857; Seine, 22 mai 1858; Corte, 2 déc. 1874; Péronne, 17 nov. 1876; Château-Thierry, 9 mars 1887; Nancy, 16 mai 1888; Rép. Defrénois, 4410, 4930.

(11) Garnier, *Suc.*, 576; Toulouse, 5 mars 1863; Marseille, 12 mars 1869; Pithiviers, 3 janv. 1878. CONTRA : Bellac, 14 août 1881; Rép. Defrénois, 544.

(12) Garnier, *Suc.*, 572; Dict. Réd., *Suc.*, 2190.

(13) Garnier, *Suc.*, 573; Dict. Réd., *Suc.*, 2195.

(14) Bordeaux, 10 fév. 1857; Toulouse, 13 déc. 1877; Château-Thierry, 9 mars 1887; Nancy, 16 mai 1888; Rép. Defrénois, 4410, 4930.

été nommé après l'expiration du délai de six mois, *supra* n° 42. On a voulu soutenir, dans ce cas, que le demi-droit en sus reste à la charge de l'hoirie (1); mais cette opinion doit être écartée, car on ne saurait imposer une pénalité à une succession qui n'avait pas de représentant pour agir en son nom (2). L'exécuteur testamentaire n'est pas non plus passible du droit en sus encouru pour une omission (3).

363. Peine personnelle. — Le demi-droit en sus est une amende personnelle au contrevenant. Si le délai de la déclaration à faire par le défunt était expiré au jour de son décès, la peine se trouve éteinte par sa mort (4). Si ce délai n'était pas expiré, l'héritier devient lui-même débiteur direct de l'amende, et la mort de son auteur ne l'en décharge pas (5), et le décès de l'un des héritiers ne décharge pas les autres qui y sont tenus pour le tout en raison de la solidarité (6). — Ces règles s'appliquent aux droits en sus encourus pour omissions ou insuffisances.

364. Mari. — Si le mari a souscrit une déclaration au nom de sa femme, il n'est pas personnellement responsable des omissions ou insuffisances, et si elle est décédée avant d'avoir été condamnée au payement du demi-droit en sus, cette pénalité est éteinte et ne saurait être réclamée au mari survivant (7). Jugé cependant que le recouvrement des droits exigibles, à raison d'une succession échue à la femme antérieurement au mariage, peut être poursuivi contre le mari en sa qualité d'administrateur de la communauté et sur les objets mobiliers qui en dépendent (8).

§ 2. *Omissions et insuffisances.*

365. Pénalité. — La peine pour les omissions qui sont reconnues avoir été faites dans les déclarations, est d'un droit en sus de celui qui se trouve dû pour les objets omis; il en est de même pour les insuffisances constatées dans les estimations des biens déclarées. Les tuteurs et curateurs supportent personnellement les peines ci-dessus, lorsqu'ils ont fait des omissions ou des estimations insuffisantes (Loi 22 frim. an VII, art. 39). Si l'omission est établie par un rapport d'experts, les contrevenants payent, en outre, les frais de l'expertise (9).

366. Prescription. — Quoique l'omission et l'insuffisance soient également punies du droit en sus, il importe de les distinguer l'une de l'autre, car la première se prescrit par cinq ans et la seconde par deux ans (Lois 22 frim. an VII, art. 61, et 18 mai 1850, art. 11).

367. Déclaration fausse ou erronée. — Sur ce point, il a été décidé qu'un

---

Il a laissé pour seul héritier le soussigné, son frère, qui a fait la déclaration de sa succession au bureau de....., le.....

Outre les biens déclarés, il dépendait de la succession, ce dont le soussigné a eu connaissance depuis, une petite propriété située à....., canton de....., consistant en maison et terres de labour d'une contenance de....., que, par suite de cette circonstance, le soussigné a omis de déclarer dans les six mois du décès.

Le soussigné vient vous prier, Monsieur le Ministre, de vouloir bien, en raison de son entière bonne foi, lui faire remise du demi-droit en sus encouru pour défaut de déclaration au bureau de....., dans le délai de six mois.

Il a l'honneur d'être, Monsieur le Ministre, *(Comme en la formule* 10.*)*

---

(1) Déc. min. fin., 1 compl. an XII.

(2) Garnier, *Suc.*, 571; Dict, Réd., *Suc.*, 2202; Demante, 815; Vitry-le-Français, 10 août 1854; Tours, 14 mars 1862.

(3) Garnier, *Suc*, 580; Dict. Réd., *Suc.*, 2213; Marseille, 25 juill. 1867.

(4) Garnier, *Suc*, 570, 1472; Dict. Réd., *Suc.*, 2324; sol., 30 sept. 1872, 25 avril 1873, 1er avril 1874, 28 janv. 1875; Seine, 29 mars 1878.

(5) Garnier, *Suc.*, 570, 1472; déc. min. fin., 15 juill. 1806; Saint-Quentin, 21 nov. 1866.

(6) Garnier, *Suc.*, 1472; sol., 16 janv. 1868.

(7) Garnier, *Suc.*, 577; sol., 16 janv. 1868; Cass., 10 nov. 1874.

(8) Hazebrouck, 5 déc. 1885; Rép. Defrénois, 3306.

(9) Seine, 30 mai 1851; Sedan, 11 mars 1868.

héritier commettait une omission, en déclarant : — une part d'intérêt dans une société dissoute, au lieu des biens en nature dont le défunt était copropriétaire (1); — une contenance moindre que la contenance véritable (2); — un immeuble propre comme un immeuble de communauté (3); — un terrain nu alors qu'il était couvert de constructions (4); — un immeuble dont le défunt était propriétaire, avec indication dans le contrat postérieur au décès qu'il l'avait vendu de son vivant (5); — un immeuble qu'on allègue ne pas dépendre de la succession, alors que le défunt l'avait désigné comme lui appartenant (6). Il y a encore omission quand les parties ont fondé leur déclaration sur un partage frauduleux ou erroné destiné à diminuer leur émolument (7), — ou qu'ils n'ont pas opéré tous les rapports fictifs pour le calcul du legs d'usufruit (8), — ou qu'ils n'ont pas compris, dans la déclaration de la succession d'un mineur, une succession qu'il a recueillie durant sa minorité, bien que le compte de tutelle à eux rendu n'en fasse pas mention (9).

368. Ibid.; créance ou valeurs. — A plus forte raison, il y a omission quand l'héritier omet de déclarer une créance, en tout ou partie (10), alors même qu'il prétend qu'elle est irrécouvrable, si sa prétention n'est pas justifiée (11), mais non si la créance a été déclarée comme irrécouvrable (12); ou s'il omet des valeurs au porteur attribuées au défunt dans un partage la veille de sa mort (13), ou des sommes importantes touchées peu de jours avant le décès, s'il n'est justifié d'aucun emploi (14).

369. Insuffisance. — Il y a simple insuffisance, au contraire, dans le fait de déclarer des actions en annonçant qu'elles appartiennent partiellement à un tiers (15) ou de ne pas comprendre dans la déclaration de succession une assurance sur la vie mentionnée dans un inventaire (16) ou d'indiquer d'une façon erronée le cours de la bourse de valeurs déclarées (17).

370. Pénalité non encourue. — D'ailleurs les héritiers ne sont passibles d'aucune amende s'ils ont mis sous les yeux du receveur tous les documents propres à établir la perception, par exemple : les titres de créances (18), l'inventaire renfermant le détail des créances omises (19), — ou révélant l'existence du legs d'usufruit (20), — ou si la déclaration contient à leur préjudice des erreurs compensant les omissions ou les insuffisances (21).

371. Preuve admise. — La régie peut prouver les omissions et les insuffisances, indépendamment de l'expertise, par tous actes émanés des parties et même à l'aide de documents étrangers ou de présomptions graves (22); par exemple : un avis de parents (23);

FORMULE 45. — Demande en remise du droit en sus (N° 355).

A Monsieur le Ministre des finances, directeur de l'enregistrement et des domaines.

Le soussigné Bassin (Maximilien), propriétaire, demeurant à....., a l'honneur d'exposer ce qui suit :

---

(1) Garnier, *Suc.*, 1482; Seine, 22 nov. 1849.
(2) Garnier, *Suc.*, 1494. Voir Cass., 10 mars 1814.
(3) Garnier, *Suc.*, 1495; Vire, 6 juin 1850.
(4) Garnier, *Suc.*, 1498 bis; Péronne, 30 nov. 1849.
(5) Garnier, *Suc.*, 1573; Saint-Girons, 24 déc. 1849; Hazebrouck, 30 août 1878.
(6) Pontarlier, 1er mars 1856. Voir Sarlat, 31 déc. 1856.
(7) Garnier, *Suc.*, 1507; Amiens, 12 juin 1856; Soissons, 2 avril 1879; Seine, 10 fév. 1888; Cass., 2 déc. 1889; Rép. Defrénois, 4739, 5428.
(8) Garnier, *Suc.*, 1509; Seine, 27 avril 1842; Evreux, 5 juill. 1872, 31 mars 1874.
(9) Valence, 3 juin 1878.
(10) Sol., 7 juill. 1880.
(11) Domfront, 20 juin 1879.
(12) Chalon-sur-Saône, 18 mai 1876.
(13) Pau, 11 mai 1877.
(14) Garnier, *Suc.*, 1541; Dict. Réd., *Suc.*, 2453; Le Hâvre, 6 mars 1880; Gand, 8 août 1881; Cass., 27 juin 1883; Remiremont, 3 juill. 1890; Dieppe, 31 déc. 1890. Contra : Caen, 6 mai 1881; Montbéliard, 7 déc. 1882; Pontarlier, 4 mars 1890; Rép. Defrénois, 546, 946, 1505, 1592, 6094, 6357.
(15) Cass., 14 août 1850; inst., 1875-6.
(16) Mantes, 19 juin 1880.
(17) Garnier, *Suc.*, 1491; sol., 11 nov. 1867, 7 avril et 22 sept. 1873.
(18) Bergerac, 3 janv. 1867.
(19) Autun, 13 nov. 1833; Seine, 19 déc. 1868.
(20) Cass., 21 août 1861.
(21) Dél., 5 nov. 1825.
(22) Garnier, *Suc.*, 1522; Dict. Réd., *Suc.*, 2421; inst., 1767-8, 2039; Cass., 24 mars 1846, 10 fév. 1864; Seine, 6 juill. 1861; Boulogne, 9 juill. 1874; Valenciennes, 17 août 1876; Le Hâvre, 6 mars 1880; Toulon, 19 avril 1883; Cass., 27 juin 1883; Rép. Defrénois, 546, 1475, 1592. Contra : Saint-Omer, 27 août 1863. Voir Privas, 1er août 1870; Toulon, 31 déc. 1885; Rép. Defrénois, 3788.
(23) Garnier, *Suc.*, 1546-4; Marvejols, 21 juill. 1868.

une cession ou une liquidation ultérieure (1); une décision judiciaire postérieure (2); l'inventaire après le décès d'un des cohéritiers (3); un protêt de billets passés à l'ordre du défunt (4); une cession de droits successifs pour un prix supérieur à la déclaration (5); une déclaration de succession postérieure (6); le payement postérieur d'une créance aux mains du mandataire du défunt (7); les documents officiels pour les boissons émanant des contributions indirectes (8).

372. Preuve non admise. — Mais l'enquête, l'interrogatoire, la commune renommée et la délation du serment lui sont interdits (9).

373. Insuffisance de revenu; soumission. — Quand l'administration a accepté une soumission souscrite pour réparer une insuffisance de revenu, il y a transaction, chose jugée, et elle ne peut ensuite exercer une réclamation par suite de la découverte d'un bail courant qui augmente le revenu (10). Mais le redevable est définitivement lié par la soumission, dès qu'elle a été acceptée par la régie (11).

374. Déclaration complémentaire. — Il n'y a pas omission dans le fait de ne pas passer une déclaration complémentaire dans les six mois de décès, lorsque la déclaration ayant été faite au décès, il s'agit seulement d'acquitter un supplément de droit pour la reversibilité au profit d'un codonataire d'un degré plus éloigné (12), *supra* n° 336.

SECTION XI. — Payement des droits.

§ 1. *Règles générales.*

375. Texte législatif. — Les droits de déclaration de mutation par décès sont payés par les héritiers, donataires ou légataires. Les cohéritiers sont solidaires. L'Etat a action sur les revenus des biens à déclarer, en quelques mains qu'ils se trouvent, pour le payement des droits dont il faut poursuivre le recouvrement (Loi 22 frim. an VII, art. 32).

376. Héritier. — L'obligation de payer les droits incombe à l'héritier bénéficiaire comme à l'héritier pur et simple (13), alors même que l'héritier bénéficiaire est mineur (14).

377. Déduction; legs particulier. — Il avait été décidé autrefois que l'héritier ou le légataire universel devait acquitter l'impôt sur l'intégralité des biens sans déduction pour les legs particuliers de sommes d'argent non existantes en nature, parce

---

Mme AUCLAIRE (Jeanne-Hélène), veuve de M. Charlemagne BASSIN, est décédée en son domicile à....., le.....

Elle a laissé pour seul héritier, le soussigné son fils, qui a fait la déclaration de sa succession au bureau de....., et acquitté les droits, le.....

Indépendamment des biens déclarés, il dépend de la succession une créance de 12,000 fr. sur M. Jules DURAND, épicier, demeurant à Constantine (Algérie), avec hypothèque sur une maison située en cette ville, rue..... n°....., en vertu d'une obligation reçue par Me....., notaire à Constantine, le....., contractée alors que Mme BASSIN était domiciliée en Algérie.

---

(1) Garnier, *Suc.*, 1532; Châtillon-sur-Seine, 28 avril 1868; Seine, 13 février 1869; Boulogne, 8 juillet 1870; Cass., 21 mai 1873.

(2) Seine, 8 juill. 1871; Le Puy, 21 mai 1871.

(3) Garnier, *Suc.*, 1546; Lille, 6 déc. 1872.

(4) Brioude, 19 mars 1873.

(5) Garnier, *Suc.*, 1532; Cass., 21 mars 1873.

(6) Garnier, *Suc.*, 1545; Dict. Réd., *Suc.*, 2430; Louviers, 9 fév. 1877.

(7) Liège, 14 déc. 1877.

(8) Garnier, *Suc.*, 1544; Seine, 4 juin 1859, 23 fév. 1867; Hazebrouck, 13 fév. 1864; Arbois, 11 août 1866; Briey, 15 janv. 1880.

(9) Voir Garnier, *Suc.*, 1518; Chartres, 15 mars 1859; Cass., 29 fév. 1860, 10 mars 1862; Saint-Etienne, 23 mai 1877.

(10) Marseille, 26 août 1873.

(11) Toulouse, 7 juill. 1887; Seine, 6 juill. 1888; Rép. Defrénois, 4640, 4955.

(12) Pau, 3 janv. 1878.

(13) Garnier, *Bénéf. d'inv.*, 51; Dict. Réd., *Suc.*, 2182; Cass., 23 avril 1833, 7 avril 1835, 12 juill. 1836, 28 août 1837, 24 juin 1857, 13 mars 1866; Rouen, 5 avril 1845; Bordeaux, 1er déc. 1846, 15 fév. 1849; Aurillac, 9 janv. 1849; Seine, 2 mai 1849, 10 janv. 1850, 23 nov. 1861, 19 août 1864; Belfort, 17 fév. 1851; Tulle, 27 déc. 1854; Lyon, 30 mars 1855; Calvi, 15 janv. 1866; Seine, 30 janv. 1885; Tarbes, 12 nov. 1890; Rép. Defrénois, 2813, 6358. Voir Cass., 2 avril 1866, 19 janv. 1867.

(14) Garnier, *Bénéf. d'inv.*, 51; Seine, 18 juin 1855; Toulouse, 5 mars 1863; Baume-les-Dames, 3 août 1876.

que ces legs étaient considérés, à l'égard du trésor, comme des charges dont il n'avait à se préoccuper que pour réclamer aux légataires particuliers les droits complémentaires exigibles (1). — Mais aujourd'hui que ces libéralités particulières sont censées une portion même des biens héréditaires, il est certain que le successeur universel n'est tenu personnellement d'acquitter le droit que sur le reliquat, *supra* n° 263 (2).

§ 2. *Solidarité.*

378. Légataires. — Pour le payement des droits de mutation par décès, il n'y a pas de solidarité entre les légataires particuliers et les héritiers ou légataires universels, ni entre les légataires particuliers entre eux, ni entre l'usufruitier et le nu-propriétaire (3). — On a même reconnu que la solidarité ne s'étendait pas aux légataires universels entre eux (4), ni au légataire universel en concours avec un héritier réservataire (5), ou avec un légataire à titre universel (6), ni aux enfants naturels en concours avec les héritiers (7).

379. Héritiers. — Mais aucun doute ne peut exister pour la solidarité des héritiers (8) ordinaires ou bénéficiaires (9), même lorsque la succession est échue à plusieurs branches d'héritiers (10).

380. Conjoint survivant. — Mais la solidarité n'existe pas entre les héritiers et l'époux survivant venant à la succession du conjoint prédécédé comme exerçant les droits en usufruit qui lui sont conférés par l'art. 767 C. civ. (11).

381. Décès. — Si l'un des héritiers décède avant la déclaration, ses héritiers sont tenus à l'acquit des droits chacun pour leur part et portion, sans solidarité entre eux (12). Il en est de même en cas de décès du légataire universel (13).

382. Ibid.; droit en sus. — La solidarité, dans le cas où elle a lieu, s'étend également au payement du demi-droit en sus ou du double droit (14).

§ 3. *Privilège.*

383. Capitaux. — Pour le recouvrement des droits de mutation, la régie n'a pas de privilège sur les capitaux des biens à déclarer (15), mais seulement le droit de venir par contribution avec les créanciers du défunt (16), même quand il y a séparation des patrimoines (17).

Le soussigné, en raison de ce que cette créance avait été contractée en Algérie, par un Algérien avec hypothèque sur un immeuble y situé et au profit d'un créancier alors domicilié en Algérie, avait pensé que cette créance dispensée du droit de mutation en Algérie n'en devait pas non plus au lieu de l'ouverture de la succession en France.

---

(1) Garnier, *Suc.*, 1390; Cass., 2 avril 1839; dél., 31 juill. 1837; Castres, 17 mars 1828; Villeneuve, 18 juill. 1838; Lyon, 29 août 1839. Voir aussi Cass., 11 mars 1840; inst., 1723-4.

(2) Cass., 30 mars 1858.

(3) Garnier, *Suc.*, 1401; Dict. Réd., *Suc.*, 2176; Cass., 9 mai 1813.

(4) Garnier, *Suc.*, 1406; Dict. Réd., *Suc.*, 2230; Seine, 23 nov. 1861; Lyon, 20 fév. 1868; Le Puy, 20 nov. 1885; Rép. Defrénois, 3814; sol., 20 juin 1874, 3 août 1875, 7 fév. 1876, 6 avril et 21 août 1877, 25 janv. 1878, 21 déc. 1882, 13 fév. et 27 mars 1883. Contra : Bordeaux, 10 fév. 1857.

(5) Garnier, *Suc.*, 1406; Dict. Réd., *Suc.*, 2235; Seine, 23 nov. 1861; Toulouse, 3 juill. 1862; sol., 5 mars 1872, 12 nov. 1873, 14 nov. 1875, 12 juin 1876, 6 mars 1877, 19 mars 1879, 5 avril, 27 nov. et 1er déc. 1880, 24 avril 1884, 27 fév. 1886, 27 mai 1890.

(6) Garnier, *Suc.*, 1410; Dict. Réd., *Suc.*, 2235; Seine, 6 déc. 1848; Beaupréau, 26 août 1856; Lyon, 20 fév. 1868; sol., 3 déc. 1878, 21 fév. et 5 avril 1880. Contra : Bordeaux, 10 fév. 1857.

(7) Garnier, *Suc.*, 1402; Dict. Réd., *Suc.*, 2229; inst., 239, 386-36.

(8) Cass., 21 mai 1806; Angoulême, 23 janvier 1850; inst., 386-26, 495. Voir Garnier, *Suc.*, 1398; Dict. Réd., *Suc.*, 2223.

(9) Garnier, *Suc.*, 1399; Dict. Réd., *Suc.*, 2225; Cass., 27 oct. 1806, 27 juin 1809.

(10) Seine, 1er fév. 1878.

(11) Garnier, *Suc.*, 1416 bis; Rép. Defrénois, 6217.

(12) Garnier, *Suc.*, 1413; Dict. Réd., *Suc.*, 2244; Le Hâvre, 29 août 1872.

(13) Bazas, 14 mai 1889; Rép. Defrénois, 6041. Voir aussi sol., 4 avril 1877, 19 fév. 1878, 8 avril 1882, 24 nov. 1885, 27 fév. 1886.

(14) Garnier, *Suc.*, 1400; Dict. Réd., *Suc.*, 2238; Neufchâteau, 8 mars 1832; Grenoble, 27 déc. 1847; Villefranche, 2 fév. 1882; Rép. Defrénois, 742.

(15) Garnier, *Suc.*, 1419; Dict. Réd., *Suc.*, 2250; Cass., 23 juin 1857; Orléans, 9 juin 1860; Valence, 17 janv. 1866; Lyon, 13 déc. 1866. Voir Rouen, 1er mars 1879.

(16) Garnier, *Suc.*, 1423; Cass., 2 juin 1869.

(17) Garnier, *Suc.*, 1426; Paris, 6 janv. 1880.

384. Revenus. — Ce privilège se restreint aux revenus et s'exerce au préjudice : — 1° soit des créanciers, même hypothécaires jusqu'à l'immobilisation du prix de la vente ou sa fixation définitive qui est : pour la vente ordinaire, la notification du contrat aux créanciers inscrits (1), ou, à défaut de notification, la sommation de produire à l'ordre (2), ou enfin au jour de la distribution du prix s'il n'y a eu ni notification aux créanciers ni sommation de produire à l'ordre (3), mais à la condition que la régie ait produit son titre de créance avant la clôture du règlement (4); pour l'adjudication par licitation à l'un des colicitants, le jour de la licitation (5); pour l'adjudication après surenchère d'un sixième à la suite de la vente par licitation des immeubles dépendant d'une succession bénéficiaire, le jour de cette adjudication (6); pour la vente des immeubles d'un failli, le jour de la vente (7); pour l'expropriation par utilité publique, la transcription du jugement d'expropriation (8), — ou même privilégiés, par exemple, le cédant d'un office (9); — 2° soit des tiers acquéreurs d'immeubles qui n'ont pas encore rempli les formalités de la transcription (10), et nonobstant les effets de la séparation des patrimoines (11). Toutefois ce privilège ne s'exerce qu'après celui applicable à l'impôt foncier (12).

385. Etendue. — Ainsi la régie peut, avec l'autorisation du juge (13), saisir les revenus des biens entre les mains de l'usufruitier pour le payement des droits dus par le nu-propriétaire (14). Elle peut agir sur les biens dont le débiteur a fait cession à ses créanciers (15), sur une rente ou un usufruit légué à la condition qu'il sera insaisissable (16). Mais son privilège n'atteindrait pas l'usufruit des valeurs dont le défunt n'avait que la nue propriété (17), non plus que les récoltes des immeubles affermés (18). Dans ce dernier cas, la régie peut seulement saisir les fermages (19).

386. Non solidarité. — Dans les cas où la solidarité n'existe pas, *supra* n° 378, la régie ne peut exercer son privilège que sur les revenus de la quotité des biens revenant au débiteur des droits. Ainsi, à défaut de payement par le légataire à titre universel du tiers des biens, le privilège de la régie est restreint au tiers des revenus de l'hérédité (20).

387. Failli. — L'action accordée par l'art. 32 de la loi du 22 frim. an VII pour le recouvrement des droits de mutation par décès peut être exercée sur les revenus de la succession du failli (21), et en matière de séquestre sur les revenus échus depuis le décès (22).

388. Droit en sus. — Ce privilège est restreint au droit simple, il ne s'étend

---

La régie élève la prétention que cette créance devait être comprise dans la réclamation et par une contrainte en date du....., a réclamé au soussigné les droits simple et en sus.

Le soussigné déclare être prêt à acquitter le droit simple sur cette créance.

Mais, en raison de sa bonne foi, il vient vous prier, Monsieur le Ministre, de vouloir bien lui faire la remise du droit en sus.

Il a l'honneur, etc. *(Comme dessus.)*

---

(1) Garnier, *Suc.*, 1437; Dict. Réd., *Suc.*, 2264; Cass., 24 nov. 1869.

(2) Garnier, *Suc.*, 1438; Grenoble, 28 juin 1871.

(3) Montpellier, 13 mars 1876. Voir Seine, 21 août 1878.

(4) Sol., 5 juill. 1884; Rép. Defrénois, 2332.

(5) Garnier, *Suc.*, 1442; Dict. Réd., *Suc.*, 2270. Voir aussi Langres, 26 mai 1880; Rép. Defrénois, 347.

(6) Garnier, *Suc.*, 1449; Dict. Réd., *Suc.*, 2273; Pau, 17 mai 1877. Voir Carpentras, 22 nov. 1866.

(7) Garnier, *Suc.*, 1445; Dict. Réd., *Suc.*, 2272; Cass., 6 avril 1867; Villefranche, 31 juill. 1868.

(8) Garnier, *Suc.*, 1447; Dict. Réd., *Suc.*, 2277; Nice, 22 fév. 1875.

(9) Nîmes, 9 fév. 1876.

(10) Garnier, *Suc.*, 1434; Dict. Réd., *Suc.*, 2256; av. cons. d'Etat, 4 sept. 1810; inst., 809-2; Carpentras, 22 nov. 1866; Amiens, 6 fév. 1874.

(11) Garnier, *Suc.*, 1426; Seine, 9 fév. 1859. CONTRA : Bourgoin, 6 juill. 1864.

(12) Garnier, *Suc.*, 1431; Dict. Réd., *Suc.*, 2283; Avignon, 26 nov. 1879.

(13) Lyon, 14 janv. 1888; Rép. Defrénois, 4710.

(14) Garnier, *Suc.*, 1454; Dict. Réd., *Suc.*, 2309; Cass., 9 juin 1813, 24 oct. 1814, 3 avril 1866; Calais, 11 août 1865; Céret, 11 janv. 1876; Rouen, 27 avril 1877; Pontoise, 27 août 1832; Lons-le-Saunier, 8 déc. 1884; Meaux, 12 mai 1886; Lyon, 2 mai 1888; Rép. Defrénois 947, 2711, 3613, 4875. Voir Seine, 18 janv. 1887; Caen, 24 janv. 1888; *Ibid.*, 3843, 4687.

(15) Cass., 3 vent. an XII.

(16) Sol., 5 août 1814; Cass., 24 oct. 1814.

(17) Garnier, *Suc.*, 1464; Cass., 21 juin 1815.

(18) Dél., 12 oct. 1814.

(19) Dél., 12 oct. 1814.

(20) Garnier, *Suc.*, 1458; Dijon, 22 août 1881; Rép. Defrénois, 748.

(21) Garnier, *Suc.*, 1450; Dict. Réd., *Suc.*, 2296; Cass., 2 déc. 1862; Bourges, 24 fév. 1864.

(22) Lyon, 26 fév. 1864; Die, 21 mars 1865.

pas au demi-droit en sus pour défaut de déclaration dans le délai légal ni au double droit pour omission ou insuffisance (1).

389. Pension alimentaire. — Quand le legs assujetti aux droits de succession est d'une pension alimentaire, les effets de la saisie-arrêt poursuivie par le fisc peuvent être réduits à une quotité déterminée par les tribunaux (2).

390. Bénéfices. — Les revenus soumis au privilège du Trésor ne s'étendent pas aux bénéfices réalisés dans l'exploitation d'un immeuble dépendant de la succession (3).

391. Mesures conservatoires. — La régie peut recourir, à titre de mesure conservatoire, à la voie de la saisie-arrêt pour assurer le payement de l'impôt de mutation par décès, même en cas d'acceptation bénéficiaire ou d'inscription de séparation des patrimoines (4), quoique le délai de six mois accordé par la loi ne soit pas encore écoulé (5).

SECTION XII. — **Restitution.**

392. Principe. — Tout droit d'enregistrement régulièrement perçu ne peut être restitué, quels que soient les événements ultérieurs, sauf les cas prévus par la loi (Loi 22 frim. an VII, art. 60).

393. Demande. — Comme c'est la régularité de la perception qui s'oppose au remboursement, il en résulte que les héritiers ou légataires, mais non le notaire qui aurait fait la déclaration (6), peuvent demander la restitution des droits indûment exigés. — La demande doit être faite sur timbre et adressée au directeur du département [FORM. 46].

394. Erreur de fait. — En principe l'erreur de fait, si considérable qu'elle soit, n'empêche pas la perception d'être régulière et ne saurait motiver une restitution des droits (7). Toutefois les parties ont été dans certains cas admises à en demander la rectification (8); — c'est ce qui a été décidé pour une déclaration comprenant : 1° un domaine dont le défunt avait seulement la moitié (9); — 2° une créance éteinte (10); — 3° un cautionnement dont la propriété appartenait à un tiers (11); — 4° un legs que les parties avaient omis de réduire à la quotité disponible (12); — 5° des biens appartenant à la mère en vertu du retour légal et mal à propos compris dans la succession collatérale (13); — 6° des biens légués à un tiers (14), ou revenant à un enfant conçu qui n'est pas né viable (15); — 7° ou

---

FORMULE 46. — Demande à fin de restitution d'un droit de mutation indûment perçu (N° 393).

A Monsieur le Directeur général de l'enregistrement et des domaines.

Le soussigné HÉNOC (Eloi-Théodore), propriétaire, demeurant à....., a l'honneur d'exposer ce qui suit :

Aux termes d'un acte passé devant Me....., notaire à....., le....., M. HÉNOC (Victor), propriétaire, demeurant à....., a fait donation à M. HÉNOC (Auguste), son petit-fils, d'une somme de 10,000 francs, avec réserve du droit de retour à son profit pour le cas de prédécès du donataire.

M. HÉNOC (Auguste), célibataire, demeurant à....., est décédé en son domicile à....., le....., laissant pour seul héritier le soussigné, son frère.

---

(1) Garnier, *Suc.*, 1456; Dict. Réd., *Suc.*, 2302; Bordeaux, 1er mai 1872; Le Mans, 25 mars 1884; Boulogne, 20 mars 1855; Douai, 14 décembre 1885; Caen, 24 janvier 1888; Lyon, 23 juillet 1890; sol., 20 octobre 1890; Rép. Defrénois, 3090, 6555. CONTRA : Gannat, 28 janvier 1876; Dijon, 22 août 1881; Lyon, 2 mai 1888; Bordeaux, 16 juin 1891; Rép. Defrénois, 743, 4875, 6556.

(2) Seine, 22 janv. 1876.

(3) Bayonne, 20 avril 1880.

(4) Puy, 20 nov. 1885; Rép. Defrénois, 3730.

(5) Garnier, *Suc.*, 1467; Dict. Réd., *Suc.*, 2315; Gien, 13 mars 1850; Seine, 8 mars 1854; sol., 27 juin 1885; Saint-Etienne, 2 août 1887; Rép. Defrénois, 3500, 4605.

(6) Dict. Réd., *Restit.*, 321; Seine, 29 mars 1843.

(7) Seine, 4 août 1886, 8 août 1868, 19 déc. 1874, 20 juill. 1883; Rép. Defrénois, 1551.

(8) Garnier, *Restit.*, 99.

(9) Garnier, *Restit.*, 101; Dict. Réd., *Ibid.*, 205; dél., 17 oct. 1821; déc. min. fin., 17 nov. 1821.

(10) Garnier, *Restit.*, 108; Dict. Réd., *Ibid.*, 208; dél., 24 oct. 1821; déc. min. fin., 5 déc. 1821.

(11) Garnier, *Restit.*, 106; Dict. Réd., *Ibid.*, 206; dél. 12 juin 1835.

(12) Garnier, *Restit.*, 115; dél., 23 mars 1825, 22 déc. 1832. Voir Cass., 10 juill. 1860.

(13) CONTRA : Montargis, 22 déc. 1855. Voir Garnier, *Restit.*, 112; Dict. Réd., *Ibid.*, 213.

(14) Dél., 13 nov. 1840.

(15) Inst., 1307-10.

des immeubles acquis par le défunt en vertu d'une adjudication ultérieurement annulée sur appel (1).

395. Erreur matérielle. — On peut encore obtenir la restitution des droits perçus en vertu d'une erreur matérielle commise dans l'évaluation des biens, pourvu que l'existence de cette erreur soit clairement démontrée (2).

396. Remboursement refusé. — Le remboursement a été refusé, au contraire : 1° à des héritiers collatéraux évincés d'une partie de la succession par un enfant naturel (3); — 2° à des enfants naturels envoyés en possession dont les droits sont réduits par l'existence d'héritiers légitimes (4); — 3° à un légataire dépouillé de son legs par l'effet d'une condition résolutoire (5); — 4° ou par sa renonciation (6); — 5° aux héritiers d'une femme qui ont renoncé de son chef à la communauté dissoute (7); — 6° aux légataires évincés par l'annulation du testament (8), ou dont les droits sont réduits par un jugement (9); — 7° aux héritiers évincés par un testament reconnu valable (10). Mais si le testament était découvert après la déclaration de succession, les droits devraient être restitués aux héritiers (11).

397. Imputation. — Dans tous les cas où les héritiers ou légataires sont évincés, les droits qu'ils ont payés s'imputent sur ceux dus par les nouveaux possesseurs des biens (12); mais ces derniers doivent leur en tenir compte (13).

398. Absence. — Les droits acquittés pour la succession d'un absent qui reparaît sont restituables, sous la déduction du droit dû pour la jouissance des héritiers (loi 28 avril 1816, art. 40), d'après la durée effective de leur possession, et non pas à moitié comme pour l'usufruit (14).

399. Acte de décès erroné. — Les droits perçus en vertu d'un acte de décès erroné sont également restituables (15).

400. Déclaration irrégulière. — Il y a lieu également à restitution quand les droits ont été versés au trésor sans déclaration régulière (16).

SECTION XIII. — **Prescription.**

401. Omission. — Les omissions de biens dans les déclarations de succession sont

---

La déclaration de succession après son décès a été faite au bureau de....., le.....

L'actif déclaré comprend :

1° Un mobilier d'une valeur de	1,268 »
2° Deniers comptants et créances	1,512 »
3° Une maison située à....., rue..... n°....., d'un revenu de 1,200 fr. pour. . . .	24,000 »
Ensemble.	26,780 »
Le receveur n'a consenti à opérer la déduction, à raison du retour conventionnel appartenant à M. Victor Hénoc, donateur, qu'en ce qui concerne le mobilier et les deniers comptants et créances, soit 2,780 fr., ci	2,780 »
De sorte que les droits ont été acquittés sur	24,000 »

---

(1) Inst., 436-57.
(2) Voir Cass., 4 déc. 1821, 1er déc. 1835; sol., 24 avril 1832.
(3) Garnier, *Restit.*, 228; Dict. Réd., *Ibid.*, 159; Cass., 15 juill. 1840.
(4) Cass., 12 mai 1834; Rouen, 14 fév. 1883; Rép. Defrénois, 1882.
(5) Garnier, *Restit.*, 113; Cass., 30 juin 1841.
(6) Garnier, *Restit.*, 220; Cass., 15 janv. 1850, 10 août 1852; dél., 4 mai 1825, 9 août 1826.
(7) Dict. Réd.. *Restit.*, 158; Cass., 2 août 1843.
(8) Garnier, *Restit.*, 224; Dict. Réd., *Ibid.*, 157; Cass., 11 mars, 7 avril et 1er juill. 1840, 6 août 1849; Seine, 15 mai 1875. CONTRA : Riom, 1er déc. 1865.
(9) Cass., 5 mai 1885; Rép. Defrénois, 3142. Voir aussi Cass., 7 déc. 1886; *Ibid.*, 4143.
(10) Baugé, 7 juin 1882; Rép. Defrénois, 1361.
(11) Garnier, *Restit.*, 232; dél., 2 oct. 1846.
(12) Garnier, *Restit.*, 233; Dict. Réd., *Ibid.*, 348; Cass., 13 déc. 1814, 15 juill. 1840; sol., 6 oct. 1871, 13 nov. 1872, 28 déc. 1875, 11 juin 1877; Rép. Defrénois, 1707-7, 4854-3.
(13) Grenoble, 4 août 1869.
(14) Garnier, *Absence*, 110; Dict. Réd., *Restit.*, 276; Le Hâvre 12 juill. 1869.
(15) Sol., 17 oct. 1814.
(16) Sol., 20 avril 1868.

soumises à la prescription de cinq ans (Loi 22 frim. an VII, art. 61, 2°; 18 mai 1850, art. 11), à compter du jour de la déclaration (1).

402. Défaut de déclaration. — L'action de la régie pour le recouvrement des droits des successions non déclarés se prescrit par dix ans (Loi 22 frim. an VII, art. 61, 3°; 18 mai 1850, art. 11). Ce delai court, en général, du jour du décès; néanmoins, quand le payement de l'impôt est déterminé par d'autres circonstances que la mort du *de cujus*, la prescription court seulement à compter de cette dernière époque, *supra* nos 69 et suiv., par exemple pour le legs d'usufruit successif, l'action, en cas de reversibilité, ne s'ouvre que par le décès du légataire précédent (2).

403. Rentes sur l'Etat. — A l'égard des rentes sur l'Etat, la prescription, en cas d'omission comme en l'absence de déclaration, est de trente ans (loi 8 juill. 1852, art. 26), même lorsqu'il s'agit de la reversion de l'usufruit d'une rente sur l'Etat tenant lieu d'une rente viagère (3); mais c'est la prescription biennale qui est applicable aux insuffisances d'évaluation (4).

404. Restitution. — La demande en restitution de droits indûment perçus est assujettie à la prescription de deux ans (loi 22 frim. an VII, art. 61, n° 1), à compter du jour de la perception du droit, alors même que l'irrégularité de la perception n'est demontrée que par des événements postérieurs, par exemple, dans le cas où un immeuble, compris dans la déclaration de succession, est depuis revendiqué contre l'héritier (5), ou bien si un immeuble déclaré comme propre, a été reconnu postérieurement par un jugement comme faisant partie de la communauté (6).

405. Insuffisance. — L'insuffisance de perception ou d'évaluation est soumise à la prescription biennale (7), même en ce qui concerne les rentes sur l'Etat. Cette prescription court du jour où la déclaration de succession a été faite (8).

406. Droits en sus. — Les droits et demi-droits en sus, dus pour omission ou défaut de déclaration se prescrivent par deux ans (9). Cette prescription commence à courir du jour où l'administration a pu constater la contravention sans recherches ultérieures au

---

Le soussigné a fait des réserves, en prétendant qu'il devait être déduit en plus 7,220 fr. formant le surplus du retour conventionnel.

Le soussigné, vous prie M. le Directeur général, de lui faire restituer les droits perçus sur les 7,220 fr., soit en principal et décimes, 586 fr. 62. Il invoque les motifs suivants :

La loi du 22 frimaire an VII par ses articles 14, § 8, et 15, § 7, qui interdit la déduction des charges, s'applique aux dettes et charges envers les tiers et sa disposition ne doit pas être étendue aux résolutions résultant du retour conventionnel qui font considérer la libéralité comme non avenue; c'est à titre précaire que le donataire détenait la somme donnée et l'événement s'accomplissant, le donataire rentre de plein droit dans la propriété de la chose donnée. Il importe peu que la somme, n'existant plus dans la succession, se trouve représentée en partie par des immeubles, le droit de déduction pour le retour conventionnel est entier et ne saurait être scindé par cette circonstance. C'est, d'ailleurs, ce qui résulte d'un jugement du tribunal de Beaune en date du 10 juillet 1882 (Rép. Defrénois, art. 1188) et d'une solution de la régie du 19 septembre 1883 (Même répert., art. 1732).

Le soussigné espère, Monsieur le Directeur général, que vous ferez droit à sa réclamation.

Il vous prie d'agréer, avec son respect, l'expression de sa considération distinguée.

A....., le..... (*Signature*)

Sur papier timbré à 60 cent.

---

(1) Garnier, *Presc.*, 594; Dict. Réd., *Ibid.*, 610; Cass., 3 mars 1851.

(2) Garnier, *Presc.*, 637; Dict. Réd., *Ibid.*, 551; Rennes, 4 août 1868.

(3) Garnier, *Presc.*, 530; Dict. Réd., *Ibid.*, 555; Cass., 4 janv. 1871.

(4) Dict. Réd., *Presc.*, 545; sol., 16 juin 1880.

(5) Garnier, *Presc.*, 573; Dict. Réd., *Ibid.*, 630; Cass., 28 mai 1836, 24 juill. 1839, 23 janv. 1839.

(6) Garnier, *Presc.*, 573; Dict. Réd., *Ibid.*, 628; Châteaudun, 10 déc. 1856.

(7) Dict. Réd., *Presc.*, 363.

(8) Dict. Réd., *Presc.*, 425 bis; sol., 27 juill. 1814; Cass., 1er août 1853; Evreux, 29 déc. 1876.

(9) Garnier, *Presc.*, 431, 439; Dict. Réd., *Ibid.*, 457.

vu d'actes soumis à l'enregistrement (1), mais non par suite d'offres verbales faites au receveur, ou par suite d'une déclaration souscrite dans un bureau incompétent (2). Si l'héritier a obtenu une prorogation de délai, c'est de l'expiration de ce délai que court la prescription biennale applicable au demi-droit en sus (3).

407. Interruption. — La prescription est interrompue par une demande signifiée et enregistrée avant l'expiration des délais. Lorsqu'il y a solidarité entre les héritiers ou légataires pour le payement des droits, il suffit que la prescription soit interrompue à l'égard de l'un des obligés pour qu'elle le soit à l'égard de tous. Mais l'interruption de la prescription ne s'étend pas à ceux qui ne sont pas tenus solidairement au payement des droits, par exemple au légataire particulier (4).

(1) Garnier, *Presc.*, 723; Dict. Réd., *Ibid.*, 469; Cass., 9 déc. 1868; Seine, 10 fév. 1888; Vienne, 8 fév. 1889.
(2) Garnier, *Presc.*, 726; Dict. Réd., *Ibid.*, 471; Cass., 11 avril 1877.
(3) Garnier, *Presc.*, 725; Dict. Réd., *Ibid.*, 471; Pont-Audemer, 29 août 1876.
(4) Garnier, *Presc.*, 769; Cass., 7 août 1809.

FIN.

BESANÇON. — IMPRIMERIE OUTHENIN-CHALANDRE FILS ET Cie.

OUVRAGES DE M. DEFRÉNOIS

PUBLIÉS PAR L'ADMINISTRATION DU RÉPERTOIRE GÉNÉRAL PRATIQUE DU NOTARIAT

40, RUE D'ASSAS, 40

. — **Répertoire général pratique du Notariat de France et d'Algérie,** recueil périodique de jurisprudence, de pratique notariale, de législation commentée et de formules d'actes, paraissant les 15 et 30 de chaque mois, depuis l'année 1881. Abonnement annuel, **16** fr. en un mandat postal. Ce recueil contient : Tous les arrêts et jugements (600 par an); — Les lois et décrets commentés; — Des formules inédites d'actes notariés ; — De nombreuses dissertations et observations pratiques ; — Les nominations de notaires; — Un tableau exact et complet du cours de la Bourse; — Une table de concordance permanente, donnant instantanément l'état de la jurisprudence sur toute question, etc. — Il est nécessaire à tout possesseur du *Traité pratique et Formulaire général du Notariat*, dont il forme le complément indispensable.

I. — **Traité pratique et Formulaire général du Notariat de France et d'Algérie,** suivant une méthode nouvelle, plaçant la formule à côté de l'explication théorique, 7e édition, entièrement refondue et considérablement augmentée, comprenant près de deux mille formules, 4 forts volumes grand in-8° (1891-1892). Prix : *franco,* brochés, **56** fr.; reliés . . . . . **68** fr.

II. — **Traité-Formulaire des Partages d'ascendants entre vifs et testamentaires.** Extrait de la 7e édition du *Traité-Form. gén. du Not.* (300 numéros d'explication et 40 formules). Brochure grand in-8° (1891). Prix : broc., **4** fr.; relié, **5** fr.

V. — **Traité-Formulaire des Contrats de mariage.** Extrait de la 7e édition du *Traité-Form. gén. du Not.* Brochure grand in-8° (1892). Prix : broché, **4** fr.; relié. . . . . **5** fr.

[illegible]. **Traité-Formulaire des Déclarations de succession et des Droits de mutation par décès.** Extrait de la 7e édition du *Traité-Form. gén. du Not.* Brochure grand in-8°. — Prix : broché, **4** fr.; relié . . . . **5** fr.

[illegible]I. — **Table décennale, méthodique et analytique,** comprenant le résumé de toutes les matières ayant paru dans le Répertoire, de 1881 à 1890). Prix : broché, **10** fr.; relié. . **12** fr. **50**

[illegible]II. — **Législation commentée de 1880 à 1890 et Formules inédites.** 2 forts volumes de 950 pages chacun. Prix : *franco,* séparément, **15** fr.; avec reliure demi-chagrin. . . . . **17** fr. **50**

[illegible]III. — **Traité pratique et Formulaire des Liquidations et Partages** de : Successions; — Sociétés; — Sociétés d'acquêts; — Reprises après renonciation et séparation de biens; — Restitutions de dots, etc. — 2 très forts volumes, grand in-8°, à 2 col. 3e édition (1892). Prix brochés, **24** fr.; reliés . . . . **29** fr

IX. — **Traité et Formulaire (en regard des Scellés et de l'Inventaire.** 3e éditio (1887), au courant de la Jurisprudence. — 617 numéros d'explication et 107 Formules. — 1 vol grand in-8°, format portatif, reliure anglaise Prix : *franco* . . . . **6** fr.

X. — **Traité et Formulaire des Testaments authentiques, mystiques et olographes, et des Legs.** 3e édition (1889) entièrement refondue et considérablement augmentée. 539 numéros d'explication et 150 Formules. — 1 vol. grand in-8°, format portatif. Prix : *franco,* **4** fr.; avec reliure anglaise. . . . . **4** fr. **75**

XI. — **Commentaire pratique de la Loi du 27 février 1880,** relative à l'aliénation des valeurs mobilières appartenant aux mineurs et aux interdits, et à la conversion de ces mêmes valeurs en titres au porteur, AVEC FORMULES. 2e édition (1887). — Brochure grand in-8°. — Prix : *franco* . . . . **2** fr.

XII. — **Commentaire pratique de la Loi sur les Ventes judiciaires d'immeubles du 23 octobre 1884.** Brochure grand in-8°, 3e édition (1891), AVEC 16 FORMULES. Prix : *franco.* **2** fr.

XIII. — **Commentaire pratique des Lois des 27 juillet 1884 et 18 avril 1886 sur le Divorce et la Séparation de corps.** Un volume grand in-8°, relié, 3e édition (1887), AVEC 16 FORMULES. Prix : *franco* . . . . . **6** fr. **50**

XIV. — **Commentaire pratique des Lois du 23 mars 1855, art. 9, et 13 février 1889,** relatives à la renonciation par la femme à son hypothèque légale, AVEC 27 FORMULES. Brochure grand in-8° (1890). Prix : *franco* . . . . . **3** fr.

XV. — **Commentaire pratique des Décrets des 30 janvier et 2 février 1890 sur le Notariat,** AVEC 22 FORMULES. Brochure grand in-8° (1890). Prix : *franco* . . . . . . **3** fr.

XVI. — **Notice sur la tenue des Registres officiels de la comptabilité notariale.** Brochure in-16 jésus, avec quatre tableaux in-4° raisin, 3e édition (1891), revue et augmentée. Prix : *franco* . . . . **1** fr. **50**

XVII. — **Traité du Contrat d'assurance sur la Vie,** avec 30 Formules, par Ch. DEFRÉNOIS. 1 vol. in-8° (1887). Prix : **6** fr.; avec reliure en basane . . . . **7** fr. **25**

XVIII. — **Traité des Droits d'hérédité entre Epoux.** Commentaire pratique de la loi du 9 mars 1891, AVEC 18 FORMULES, par Ch. DEFRÉNOIS. 1 vol. in-8° (1892). Prix . . . . **2** fr. **50**

Besançon. — Imp. Outhenin-Chalandre fils et Cie.

www.ingramcontent.com/pod-product-compliance
Ingram Content Group UK Ltd.
Pitfield, Milton Keynes, MK11 3LW, UK
UKHW020252220726
13923UKWH00002B/909